Gruppo Italiaidea

beginner and
pre-intermediate

NEW **Italian
Espresso**

WORKBOOK

Italian course for English speakers

*updated
edition*

ALMA
Edizioni

I nuovi contenuti di questa edizione aggiornata di **New Italian Espresso** sono stati elaborati, oltre che da **ALMA Edizioni**, da **Paolo Bultrini**, che ha curato i nuovi testi e i nuovi ascolti del Textbook, le attività di scrittura, il caffè culturale delle unità 3 e 5 e l'intera unità 12.

New Italian Espresso beginner and pre-intermediate – updated edition è stato concepito a partire da *New Italian Espresso beginner and pre-intermediate* del Gruppo Italiaidea composto da Paolo Bultrini e Filippo Graziani (©ALMA Edizioni, 2014), in cui erano stati utilizzati e rielaborati materiali creati dal Gruppo Italiadea – Paolo Bultrini, Filippo Graziani, Nicoletta Magnani – per *Italian Espresso 1* (©ALMA Edizioni, 2006) e materiali di *Nuovo Espresso 1* (©ALMA Edizioni, 2014) e *Nuovo Espresso 2* (©ALMA Edizioni, 2014). *Italian Espresso 1* è stato a sua volta concepito a partire da materiali creati originariamente da Maria Balì, Giovanna Rizzo e Luciana Ziglio per *Espresso 1* (©ALMA Edizioni, 2001) e *Espresso 2* (©ALMA Edizioni, 2002).

Si ringraziano **Chiara Alfeltra**, **Laura Mansilla**, **Francesca Romana Patrizi**, **Matteo Scarfò**, **Anna Clara Ionta** (Loyola University of Chicago), **Renée D'Elia-Zunino** (University of Tennessee, Knoxville), **Andrea Casson** (Fashion Institute of Technology, New York), **Imperatrice Di Passio** (Georgetown University, Firenze), **James Fortney** (University of Southern California, Los Angeles) e tutti i professori e tutte le professoresse che ci hanno aiutato con le loro osservazioni e i loro suggerimenti.

Direzione editoriale: **Ciro Massimo Naddeo**
Redazione: **Diana Biagini** e **Marco Dominici**
Impaginazione: **Gabriel de Banos**
Copertina: **Lucia Cesarone**
Illustrazioni: **ofczarek!**

© 2021 ALMA Edizioni
Tutti i diritti riservati

Printed in Italy
ISBN 978-88-6182-728-8

ALMA Edizioni
via Bonifacio Lupi, 7
50129 Firenze
info@almaedizioni.it
www.almaedizioni.it

summary

1 Lessico

For each greeting, indicate whether it is formal or informal and the time of day it is used.
Note: some greetings can be used at several times of the day.

	formal	informal	8 am	8 pm
❶ Buonasera, dottore!				
❷ Oh, ciao Maria!				
❸ Arrivederci, professore.				
❹ Buongiorno, signora.				

2 Lessico

Complete the dialogues with the words in the lists.

❶ chiami · sono · sono · come

■ Buongiorno. Io _____ Sara Patti. E tu _____ ti _____?

▼ Io _____ Manuel.

❷ tu · chiamo · mi

■ Io _____ _____ Andrea. E _____?

▼ Paola, piacere.

❸ ti · chiami · come · sono · piacere

■ Ciao, _____ Rosa. E tu _____ _____ _____?

▼ Valeria. _____!

3 Alfabeto

Complete the alphabet.

Lettere italiane: a · ____ · ci · ____ · e · ____ · ____ · acca · i · ____ · emme

enne · o · ____ · ____ · erre · esse · ____ · ____ · ____ · ____

Lettere straniere: J _____ · K kappa · W _____

X _____ · Y _____

4 Alfabeto

Write the letters below in the spaces. The resulting words will form a sentence.

1 a · elle · effe · a · bi · e · ti · o   L'⬚⬚⬚⬚⬚⬚⬚⬚

2 i · ti · a · elle · i · a · enne · o   ⬚⬚⬚⬚⬚⬚⬚⬚

3 acca · a   ⬚⬚

4 vu · e · enne · ti · u · enne · o   ⬚⬚⬚⬚⬚⬚⬚⬚

5 elle · e · ti · ti · e · erre · e   ⬚⬚⬚⬚⬚⬚⬚

5 Pronuncia

<u>Underline</u> the words which have the same sound as **caffè**, as in the example.
The initials of the remaining words will complete the name of a region of Italy.

1 sincero   **6** luce   **11** cuore

2 <u>macchina</u>   **7** chitarra   **12** Marco

3 radicchio   **8** cuoco   **13** prosecco

4 ciao   **9** chiave   **14** arancia

5 zucchero   **10** chilo

> La regione italiana è
> la __ i __ i __ i __ .

6 Pronuncia

Listen and complete.

1 (◖▶

1 _____rmania   **7** pre_____   **13** pia_____re

2 buon_____rno   **8** zuc_____ro   **14** arriveder_____

3 _____o   **9** _____tarra   **15** _____co

4 mac_____na   **10** la_____   **16** _____re

5 _____rnale   **11** _____rda   **17** fun_____

6 spa_____tti   **12** ra_____   **18** _____ffè

7 Pronuncia

Analyze the pronunciation of **C** *or* **G** *and* <u>underline</u> *the odd one in each group.*

1 C: ciao · Francia · arrivederci · macchina

2 C: cinese · chilo · chiavi · ti chiami

3 G: Garda · orologio · lago · ragù

4 G: giornale · buongiorno · spaghetti · parmigiano

5 G: gelato · valigia · Germania · gonna

8 Lessico

Write under the pictures the corresponding names in Italian and then check your answers looking at activity 9, Unit 1 (page 13 and page 14) of the textbook.

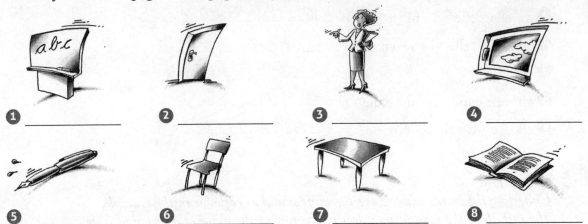

1 _____   **2** _____   **3** _____   **4** _____

5 _____   **6** _____   **7** _____   **8** _____

9 Lessico

Compose country names, as in the example.

Bra – gna   Ger – zera   Ita – mania   Fran – gallo   Spa – lia

Porto – sle   Sviz – terra   Irlan – cia   Inghil – da

_____Brasile_____   _____   _____

_____   _____   _____

_____   _____   _____

10 Aggettivi di nazionalità

Complete the sentences with the nationalities. The gray boxes will give you the name of a European country.

1 Kevin è ___ ___ ___ ▢ ___ ___ ___ ___ ___ ___, di Melbourne.

2 ▼ Pablo, sei ___ ___ ___ ___ ___ ▢ ___ ___ ?

    ■ No, vivo a Madrid ma sono di Buenos Aires.

3 Kate è ___ ▢ ___ ___ ___ ___ ___ ___ ___, di New York.

4 ▼ Sei di Parigi?

    ■ Sì, sono ___ ___ ▢ ___ ___ ___ ___ ___.

5 Terence è ___ ▢ ___ ___ ___ ___ ___, di Londra.

6 Mary è ▢ ___ ___ ___ ___ ___ ___ ___, di Dublino.

7 Sofia è ___ ___ ___ ___ ___ ___ ___ ▢, di Roma.

Soluzione: ▢ ▢ ▢ ▢ ▢ ▢ ▢

11 *Essere* e *chiamarsi*
Complete the sentences below with the verbs in the list.

(sei) (mi chiamo) (sei) (sono) (ti chiami) (sei)

❶ Io _____ irlandese, di Dublino.
❷ Tu _____ francese?
❸ Tu _____ italiana?
❹ Come _____ ?
❺ Tu di dove _____ ?
❻ _____ Jack Daly.

12 Aggettivi di nazionalità
Complete the nationalities with the correct vowel.

❶ Caterina è italian__.
❷ Elsa è irlandes__.
❸ Pablo è spagnol__.
❹ Juliette è frances__.
❺ Miguel è messican__.
❻ John è american__.
❼ Anita è tedesc__.
❽ Ping è cines__.

13 Presente indicativo
Complete the dialogues using the present tense of the verbs in brackets.

❶

■ Ciao, *(io – essere)* _____ Jennifer. Tu come *(chiamarsi)* _____ ?

▼ *(Io – Chiamarsi)* _____ Antonio. *(Tu – Essere)* _____ americana?

■ No, *(io – essere)* _____ inglese, di Londra, ma *(io – studiare)* _____ in Italia.

▼ Che cosa *(tu – studiare)* _____ ?

■ *(Io – Studiare)* _____ arte e italiano. E tu?

▼ Economia.

❷

▼ Frank, di dove *(tu – essere)* _____ ?

■ *(Io – Essere)* _____ di Berlino, ma *(lavorare)* _____ a Milano.

▼ *(Tu – Abitare)* _____ in centro a Milano?

■ No, *(io – abitare)* _____ in periferia.

14 Aggettivi di nazionalità e preposizioni *in, a, di*

Complete the mini-dialogues with the nationalities and <u>underline</u> the correct preposition, as in the example.

> Esempio:
> ■ Cristina, di dove sei?
> ▼ Sono (*Spagna*) <u>spagnola</u> , a / <u>di</u> Madrid.

❶ ■ Rose, sei (*Inghilterra*) _____?
▼ No, sono (*Irlanda*) _____, ma abito **in** / **a** Londra.

❷ ■ Giulio, studi **in** / **a** Italia?
▼ Sì, studio **in** / **a** Milano.

❸ ■ Frank, di dove sei?
▼ Sono (*America*) _____, **a** / **di** Boston.
■ E abiti **in** / **a** Boston?
▼ No, abito **in** / **a** California.

❹ ■ Sarah, sei (*Australia*) _____?
▼ No, sono (*Canada*) _____, **a** / **di** Toronto.

❺ ■ Mario, di dove sei?
▼ Sono (*Italia*) _____, **a** / **di** Firenze, ma lavoro **a** / **di** Milano.

15 Presente indicativo, preposizioni e aggettivi di nazionalità

Look at the table and then complete the sentences, as in the example.

nome	nazionalità e città	studiare	lavorare
Paul	Stati Uniti, Boston	Roma	
Kate	Inghilterra, Cambridge		Milano
Manuel	Portogallo, Porto		Italia
Greta	Germania, Berlino	Parigi	
Paloma	Argentina, Buenos Aires	Firenze	
Irina	Russia, Mosca		Spagna

> Esempio:
> Paul: <u>Io sono americano, di</u> Boston. <u>Studio a</u> Roma.

❶ Kate: _____ Cambridge. _____ Milano.
❷ Manuel: _____ Porto. _____ Italia.
❸ Greta: _____ Berlino. _____ Parigi.
❹ Paloma: _____ Buenos Aires. _____ Firenze.
❺ Irina: _____ Mosca. _____ Spagna.

16 Presente indicativo

Complete the following text with the present tense of the verbs in brackets.

Io (*chiamarsi*) _____ Giovanni, (*essere*) _____ di Napoli ma (*abitare*) _____ a Bologna. (*Io – Lavorare*) _____ in una scuola, (*insegnare*) _____ matematica. Quando non (*io – lavorare*) _____, (*ascoltare*) _____ musica classica e (*studiare*) _____ inglese.

17 Ascolto

Listen and decide whether the sentences of Antonio are true or false.

2

	true	false
❶ Sono italiano.	○	○
❷ Vivo a Milano.	○	○
❸ Abito in centro.	○	○
❹ Insegno italiano.	○	○
❺ Quando non lavoro, studio musica.	○	○

18 Numeri da 0 a 20

Complete the crossword puzzle with the numbers, as in the example.

19 Numeri da 0 a 20

3

Which numbers do you hear? Listen to the recording and <u>underline</u> them.

3 – 13	4 – 14	5 – 15	6 – 7	6 – 16
11 – 12	16 – 17	8 – 18	9 – 19	7 – 17

20 Numeri da 0 a 20

To find your way out of the maze, start at number 20. Look at the surrounding boxes and find the preceding number (19), then 18 etc. until you get to 0. If you have followed the correct route, the letters above the numbers will form a sentence.

Partenza

C	F	G	I	O	R	U	G
venti	otto	sei	venti	dieci	tre	sedici	cinque
I	A	H	R	S	T	Z	F
diciannove	diciotto	nove	undici	nove	diciotto	quindici	sette
B	O	P	L	S	I	O	L
due	diciassette	dodici	diciannove	otto	sette	tre	due
D	A	A	M	P	M	V	T
sette	sedici	tredici	uno	diciassette	sei	quattro	uno
E	L	L	N	Q	A	Q	A
dodici	quindici	quattordici	zero	dodici	cinque	quattordici	zero

Arrivo

Soluzione: ___ ___ ___ ___, ___ ___ ___ ___ ___   ___ ___ ___ ___ ___ ___ ___ ___ ___ ___   ___ ___ ___ ___ ___ !

21 Ascolto

4

Listen and complete the table.

nome	numero di telefono
Sandra	
Matteo	
Federica	
Paolo	

22 Combinazioni

Put the questions in order and match them with the correct answers, as in the example.

1 ⓑ centro / abiti / in
Abiti in centro _____?

2 ◯ chiami / ti / come
_____?

3 ◯ sei / dove / di
_____?

4 ◯ è / il tuo / indirizzo / qual
_____?

5 ◯ è / il tuo numero / di telefono / qual
_____?

6 ◯ studi / cosa / che
_____?

7 ◯ è / e-mail / la tua /qual
_____?

ⓐ 3374965023.

ⓑ ✗ No, abito in periferia.

ⓒ antonio.rossi11@gmail.com

ⓓ Economia.

ⓔ Sono di Milano.

ⓕ Viale Manzoni, 16.

ⓖ Mi chiamo Claudia.

23 Domande e risposte

Write the correct informal question for each sentence.

1 _____? Mi chiamo Kate.
2 _____? Sono americana, di Boston.
3 _____? No, non abito a Boston.
4 _____? Abito a Milano.
5 _____? 349 4487695.

24 Lessico

When do you use the following expressions? Note: there is an expression that can be used in both cases.

| A presto! | Buonasera! | A domani! | Ciao! | Arrivederci! | Buongiorno! |

When you arrive: _____

When you leave: _____

1 Lessico

You usually leave it for the waiter in a café or a restaurant. What is it and what is it called in Italian? Look at the following items, then write their Italian names in the boxes and you will find the solution in the gray boxes.

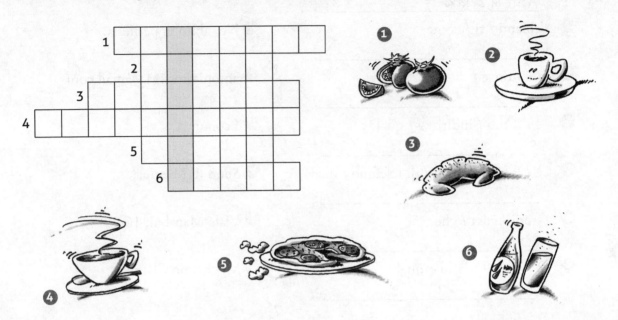

2 Ascolto

5 🔊

You are a waiter. Listen to the recording and select the products mentioned by the customers.

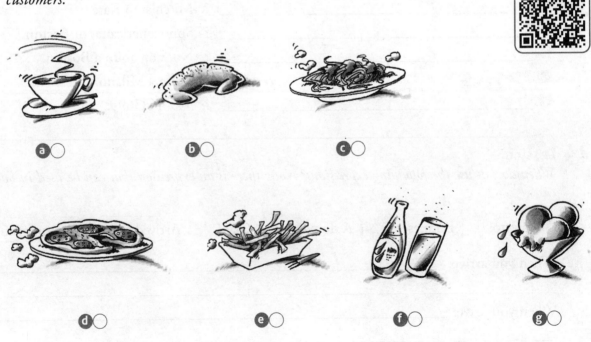

3 Lessico
Complete the dialogue using the following words.

per favore | grazie | signore | scusi | vorrei

■ _____!

▼ Sì, dica.

■ _____ un cappuccino, per favore.

▼ Certo, _____. Desidera anche mangiare qualcosa?

■ Sì, un cornetto, _____.

▼ Con la crema o con la marmellata?

■ Con la marmellata.

▼ Bene. Ecco il cappuccino… e il cornetto.

■ _____!

4 Lessico
Complete each series of foods and recipes with the words in the list, as in the example.
Then indicate to which "family" all these words belong, still following the example.

arrosto | ~~bruschette~~ | gelato | macedonia | peperoni

purè | risotto | tortellini | trota | prosciutto e melone

❶ _Bruschette_ , affettati, _____
→ <u>antipasti</u> / primi / secondi / contorni / dolci

❷ _____, bistecca, _____, sogliola
→ antipasti / primi / secondi / contorni / dolci

❸ Panna cotta, _____, tiramisù, _____
→ antipasti / primi / secondi / contorni / dolci

❹ Lasagne, _____, _____, minestrone
→ antipasti / primi / secondi / contorni / dolci

❺ _____, spinaci, _____, patatine fritte
→ antipasti / primi / secondi / contorni / dolci

5 Sostantivi

Which of these words are singular and which are plural? Complete the table below, as in the examples.

cappuccino | patatine | spremuta | pesce | ~~spaghetti~~ | pizze | cornetti

minestrone | gelati | pomodori | ~~marmellata~~ | crema | panini | cioccolato

singolare	plurale
marmellata	spaghetti

6 Sostantivi

Complete the following tables, as in the examples.

maschile		femminile	
singolare	plurale	singolare	plurale
gelato	gelati	penna	penne
	panini	notte	
cappuccino			spremute
limone			signore
telefono			finestre
	bicchieri	crema	
pesce			pizze
	libri	macchina	

7 Dialogo scombinato

At the restaurant. The customer's answers (on the right) are not in order. Put them in the correct order, as in the example.

■ Buongiorno, vuole il menù? ○ ▼ Un bicchiere di vino bianco.
■ Arrosto di vitello, pollo o sogliola. ○ ▼ No, naturale.
■ E da bere? ① ▼ No, grazie, vorrei solo un secondo. Cosa avete?
■ Desidera ancora qualcos'altro? ○ ▼ Sì, una bottiglia d'acqua.
■ Gassata? ○ ▼ Va bene. Prendo la sogliola.

8 Lessico

There is a word in every line which is the odd one out. Which is it?

❶ gelato · tiramisù · frutta · insalata

❷ spaghetti · tortellini · trota · minestrone

❸ limone · acqua · fragola · arance

❹ pane · pizza · toast · vino

❺ cappuccino · caffè · tè · gelato

9 Dialogo scombinato

Here is a conversation between a waiter (■) and a customer (▼). Put the lines in the correct order, as in the example.

○ ■ D'accordo, signora.

○ ■ Prende il caffè?

○ ■ Certo signora. Desidera anche un dolce?

○ ■ Sì, dica!

○ ▼ No, grazie, va bene così.

○ ▼ Eh, un caffè, sì, grazie. E poi il conto, per favore.

① ▼ Scusi!

○ ▼ Vorrei ancora un po' di acqua, per favore.

10 Articoli determinativi

Complete the table with the missing articles and change every article and noun to singular or plural, as in the example.

singolare	plurale
_il_ gelato	_i_ gelati
	___ cotolette
	gli affettati
lo spumante	
il bicchiere	
___ cornetto	
___ antipasto	
la fragola	
	___ pesci

11 Ancora articoli determinativi
Write the words in the correct column, as in the example.

gelato · affettati · antipasto · sogliola · tortellini · acqua · spaghetti · limone
fragola · spumante · pesce · carne · cappuccino · insalata · vino · patatine
cornetti · panini · spezzatino · torte

il	lo	l'	la
gelato			

i	gli	le

12 Articoli indeterminativi
Write the words in the list with the indefinite article, as in the example.

bicchiere d'acqua · spremuta · tè · bicchiere di latte

panino · cappuccino · pizza · cornetto alla crema

Da mangiare

Da bere
una spremuta

13 Articoli determinativi e indeterminativi
Underline the correct article.

Un' / Una signora, uno / un signore e un' / un ragazzo vanno in un / una bar. Lei prende un / uno cornetto con la / l' crema e da bere un / un' tè al latte. Il / Un signore prende uno / un tramezzino e poi ordina una / un' spremuta. Lo / Il ragazzo preferisce bere solo un' / una aranciata e non mangia niente.

14 Lessico
Complete the dialogue with the expressions in the list.

grazie   favore   per cortesia   signora   scusi   prego

Signora: _____ !

Cameriere: Sì, mi dica.

Signora: Mi porta una birra, per _____ ?

Cameriere: Subito _____, piccola o media?

Signora: Piccola. E vorrei anche un'altra Coca-Cola per il bambino, _____.

Cameriere: Certo.

Signora: _____.

Cameriere: _____, signora.

15 Frasi scombinate
Match the parts of the sentences, as in the example.

1 ⓖ Per me un cappuccino e

2 ◯ Io prendo un primo:

3 ◯ Come dessert

4 ◯ Io come antipasto

5 ◯ Che cosa prendi di secondo:

6 ◯ Come contorno prendo

7 ◯ Per favore, due caffè

8 ◯ Prendi la Coca-Cola

a un'insalata mista.

b o la Pepsi?

c carne o pesce?

d abbiamo il tiramisù.

e prendo la bruschetta.

f e il conto.

g un cornetto, grazie.

h gli spaghetti ai frutti di mare.

16 Dialoghi scombinati

Match the questions with the answers, as in the example.

1 ⓑ Signore, vuole il menù?

2 ◯ Tu cosa prendi da bere?

3 ◯ E da mangiare cosa vuoi?

4 ◯ Vuole anche un dolce?

5 ◯ Vuoi anche tu l'acqua gassata?

ⓐ Prendo i calamari fritti. E tu?

ⓑ No, grazie, prendo solo un secondo. Cosa avete oggi?

ⓒ No, grazie, va bene così.

ⓓ No, preferisco l'acqua naturale, grazie.

ⓔ Un bicchiere di vino.

17 Numeri da 0 a 100

Write the numbers out in words, as in the example.

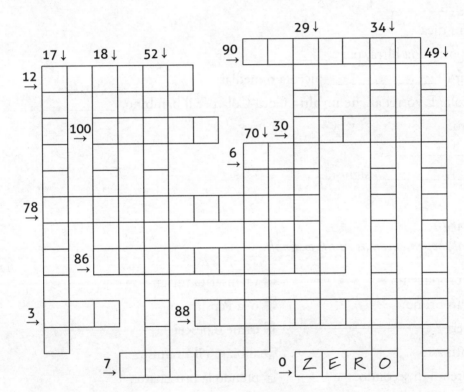

18 Numeri da 0 a 100

6 ((▶

How do we read out telephone numbers? Listen to the recording and select the correct number.

❶ Ada Bianchi   **a**○ 12 81 3 26   **b**○ 12 81 32 6

❷ Lucia Mannucci   **a**○ 81 40 89   **b**○ 81 4 0 8 9

❸ Piero Marchi   **a**○ 68 18 1 24   **b**○ 6 8 1 8 1 24

❹ Stefano Rosi   **a**○ 93 3 21 7   **b**○ 9 3 3 2 1 7

19 Numeri da 0 a 100

Do the following calculations, as in the example. If the answers are correct the gray boxes will show a waiter's workplace.

```
26 + 10 =   ( +  più)
100 - 22 =  ( -  meno)
78 : 2 =    ( :  diviso)
43 x 2 =    ( x  per)
```

❶ ___Ventisei più dieci fa___   _ ▢ _ _ _ _ _ _ _ ▢ _

❷ _____   ▢ _ _ ▢ _ _ _ ▢ _ _ _

❸ _____   _ ▢ _ _ _ ▢ ▢ _ _ _

❹ _____   _ _ ▢ _ _ _ _ ▢ _

Soluzione: il camieriere lavora in un ▢▢▢▢▢▢▢▢▢▢

20 Ascolto

7 ((▶

Listen to the recording and write the amounts.

❶ € _____

❷ € _____

❸ € _____

❹ € _____

❺ € _____

21 *Questo e quello*
Complete the dialogues with the words in the list. Then check your answers looking at activity **6**, Unit 2 (page 35) of the textbook.

questa | quella | questo | quello

❶ Che cos'è _____?
_____ è un cornetto alla crema.

❷ Che cos'è _____?
_____ è una pasta al cioccolato.

❸ Che cos'è _____?
_____ è un panino con mozzarella e pomodoro

❹ Che cos'è _____?
_____ è una bruschetta.

22 *Questo e quello*
Complete the forms of **questo** and **quello** with the appropriate vowel.

❶ Quest___ è un tramezzino.
❷ Quell___ è una granita.
❸ Quest___ è una spremuta.
❹ Quell___ è un succo di pompelmo.
❺ Quest___ è un cannolo.
❻ Quell___ è una macedonia.

23 Pronuncia

8 ((▶

a. *Repeat the words focusing on the pronunciation of* **C** *and* **G**.

	C like in *change*	**G** like in *George*
❶	mancia	mangiare
❷	per piacere	gelato
❸	amici	Gigi
❹	ghiaccio	giorno
❺	cappuccino	Luigi
❻	cucina	cugina

b. *Listen to the words and select the boxes corresponding to the sounds you hear.*

9 ((▶

C like in *change*   **G** like in *George*

❶ ○ ○
❷ ○ ○
❸ ○ ○
❹ ○ ○
❺ ○ ○
❻ ○ ○
❼ ○ ○
❽ ○ ○
❾ ○ ○
❿ ○ ○

24 Pronuncia

10 ((▶

Write down the word you hear.

❶ _____
❷ _____
❸ _____
❹ _____
❺ _____
❻ _____
❼ _____
❽ _____

3 IO E GLI ALTRI

1 Lui o lei?
Complete the sentences with **lui** or **lei**.

1. _____ è il signor Lucchetti.
2. _____ è la signora Mari.
3. _____ è Ilaria?
4. _____ è un mio amico inglese.
5. _____ è la mia insegnante di russo.
6. _____ è Annalisa.

2 Lessico
Complete the conversation and then insert the words into the crossword.
The gray boxes will give you the name of a famous Italian singer.

- Ehi, ciao Silvio. **3** _____ stai?
- Ciao, Mara. Sto **1** _____! E tu?
- Anch'io… Ah, **6** _____ è Carlos, un mio amico spagnolo.
- Piacere!
- Sai, Carlos parla **5** _____ bene l'italiano.
- Grazie, Mara, ma non è così!
  E tu Silvio, **7** _____ lo spagnolo?
- No, lo spagnolo no, ma parlo **2** _____ svedese.
- Veramente? È una lingua difficile?
- Mah, la grammatica non molto ma **4** _____
  parole e la pronuncia sono molto diverse dall'italiano.

3 Presente indicativo
Complete the sentences with the correct form of the verbs in brackets.

1. Maddalena (*parlare*) _____ tre lingue.
2. Pietro (*lavorare*) _____ a Firenze.
3. Tu (*studiare*) _____ o (*lavorare*) _____ ?
4. ■ Franco, di dove (*essere*) _____ ?
   ● (*Io – Essere*) _____ di Palermo.
5. Lei (*essere*) _____ Giulia, una mia amica.
   (*Lei – Studiare*) _____ economia a Firenze.

4 Presente indicativo

Answer the questions with a full sentence, as in the example.

| Carlo Bianchi · Torino · ingegnere | Amy Walsh · San Francisco · commessa |

| Jeanine Petit · Parigi · insegnante | Pedro Rodríguez · Siviglia · studente |

❶ Come si chiama il signor Bianchi?   *Il signor Bianchi si chiama Carlo.*

❷ La signora Petit è interprete?   _____

❸ Amy è tedesca?   _____

❹ Jeanine studia?   _____

❺ Che lavoro fa il signor Bianchi?   _____

❻ Pedro lavora?   _____

❼ Chi lavora in una scuola?   _____

❽ Di dov'è Pedro?   _____

5 Presente indicativo

Complete the sentences with the verbs in the list, as in the examples.

è   abita   ho   sono   fa   va   lavoro   abiti

fai   parla   parlo   ~~lavora~~   ha   ~~cerca~~

❶ Si chiama Marie Dupont, _____ francese, di Marsiglia,

e _____ la segretaria. _____ lo spagnolo e l'italiano.

❷ Mario, dove _____? Che lavoro _____?

❸ Mi chiamo Aldo Fusini. _____ 26 anni e _____ di Napoli.

_____ in un ristorante. _____ l'inglese.

❹ Franca Rosselli è architetto e _____ un figlio di 5 anni.

_____*Lavora*_____ tanto e ora _____*cerca*_____ una baby-sitter.

❺ Giulio _____ a Venezia, ma il lunedì e il martedì _____ a Padova

per lavoro.

6 Presente indicativo
Complete the text with the correct form of the verbs in brackets.

Lorenzo Federici (*avere*) _____ 29 anni e (*fare*) _____

l'impiegato all'ufficio postale. (*Abitare*) _____ a Lecce,

ma (*lavorare*) _____ in un piccolo paese a venti chilometri dalla città.

Il giovedì sera (*giocare*) _____ a calcio con gli amici e la domenica

(*andare*) _____ allo stadio. (*Amare*) _____ molto lo sport.

(*Sognare*) _____ di fare il giornalista sportivo.

Non (*essere*) _____ sposato e (*vivere*) _____ da solo.

7 Ascolto
11

Listen and decide whether the following sentences are true or false.

	true	false
❶ Carolina ha 42 anni.	◯	◯
❷ Carolina lavora in un'agenzia di viaggi.	◯	◯
❸ Carolina parla l'inglese.	◯	◯
❹ Il sogno di Carolina è lavorare a Napoli.	◯	◯
❺ Il sabato Carolina va al cinema.	◯	◯
❻ Carolina la domenica prende il treno.	◯	◯

8 Trasformazione
Rewrite the text in the first person.

Lei è Sonia Dardi. Ha 43 anni. Fa l'insegnante in una scuola di lingue a Firenze.

Per andare a scuola prende il treno perché abita a Lucca. Il mercoledì segue un corso di

fotografia. È sposata e ha una figlia.

Io sono Sonia Dardi...

9 Biglietti da visita

Read the business cards and complete the table.

Dott. Pier Giorgio Ziglio
Medicina dello Sport

Via Bologna 280
44100 Ferrara
Tel. 0532 91533
Cell. 347 2745591

FLAVIA CAINELLI
Architetto

Via Zanardi, 1   Tel. 051-520122
40131 Bologna   fcai@tin.it

Studio IMMAGINE
di Mariella Andrizzi
Fotografa

Via Capo Vaticano
88030 Ricadi (CZ)

Banca
di Trento e Bolzano

Marco Avancini
Direttore

Filiale di Cavalese
Piazza Scopoli 1
38033 Cavalese (TN)
Tel. 0462 340189
Fax 0462 231042

	nome	cognome	città	professione
1				direttore di banca
2			Bologna	
3		Andrizzi		
4				dottore

10 Presente indicativo

Complete the text with the present tense form of the following verbs.
The verbs are not in the correct order.

(andare)   (prendere)   (essere)   (fare)   (avere)   (abitare)   (fare)

Paola Cucchi _____ 32 anni e _____ l'insegnante in una scuola

di Roma. _____ in centro e per andare al lavoro _____ l'autobus.

Non _____ sposata. Il sabato e la domenica _____ sport o

_____ al cinema con gli amici.

11 Preposizioni semplici

*Complete the sentences with the prepositions **a**, **di**, **in** and **per**, as in the example.*

1 ■ Renata è __di__ Palermo?
   ▼ No, abita ‗‗‗‗‗ Palermo,
   ma è ‗‗‗‗‗ Torino.

2 ■ Qual è il tuo numero ‗‗‗‗‗ telefono?
   ▼ 06 43986751.

3 ■ Quando torni ‗‗‗‗‗ America?
   ▼ Parto ‗‗‗‗‗ Boston domani.

4 ■ Giorgio arriva ‗‗‗‗‗ New York
   lunedì.

5 ■ Sei qui ‗‗‗‗‗ Roma ‗‗‗‗‗ lavoro?
   ▼ No, solo ‗‗‗‗‗ visitare la città
   e anche ‗‗‗‗‗ studiare l'italiano.

6 ■ Paolo è qui?
   ▼ No, è ‗‗‗‗‗ Portogallo,
   ‗‗‗‗‗ Lisbona.

7 ■ ‗‗‗‗‗ dove sei?
   ▼ Sono francese, ‗‗‗‗‗ Parigi.
   ■ Ah, e lavori qui?
   ▼ Sì, ‗‗‗‗‗ una scuola.

8 ■ Sei ‗‗‗‗‗ Roma questo fine settimana?
   ▼ No, venerdì parto ‗‗‗‗‗ Venezia,
   torno domenica sera.

9 ■ Quando vai ‗‗‗‗‗ Sicilia?
   ▼ Parto ‗‗‗‗‗ Catania giovedì.

12 Sostantivi

Complete the two tables, changing the masculine occupation names to feminine and vice versa.

maschile	femminile
il commesso	la commessa
il traduttore	
il dentista	
l'attore	
l'insegnante	
il giornalista	

femminile	maschile
la cantante	
la professoressa	
la scrittrice	
la farmacista	
l'operaia	
l'impiegata	

13 Lessico

Where do these people work? Insert the names of the workplaces in the boxes.

ACROSS →
❸ dottoressa
❹ segretario
❻ farmacista
❼ operaio
❽ commesso

DOWN ↓
❶ cameriere
❷ insegnante
❸ meccanico
❺ impiegata

3→ P E □ L

I

S 4→ F F C

T

5↓ B

6→ R

7→ A B R C

8→ E G I O

14 Numeri da 100 in poi

Write the following numbers in figures.

ⓐ tremilaottocentotré _____

ⓑ duecentoventisette _____

ⓒ dodicimilasettecentocinquanta _____

ⓓ due milioni e novecentotrentamila _____

ⓔ seicentoquarantanove _____

ⓕ cinquemilaquattrocentoquattordici _____

ⓖ quarantacinquemilasettecentotrè _____

ⓗ milletrecentodiciassette _____

15 Dialogo scomposto
This conversation is jumbled up. Put the lines in the correct order, as in the example.

- Ah, portoghese. E di dove?
- ~~Piacere, Fellini.~~
- È spagnola?
- Di Milano.

▼ Di Oporto. E Lei di dov'è?

▼ Piacere. Mi chiamo Beatriz Ribeiro.

▼ No, sono portoghese.

- _Piacere, Fellini._
▼ _____
- _____
▼ _____
- _____
▼ _____
- _____

16 Frasi formali
Select the formal sentences.

1○ Che lavoro fa, signora?
2○ Abiti a Milano?
3○ Sei italiana?
4○ Signora Smith, è inglese?
5○ La signora Smith non è inglese.

6○ Signor Vialli, è di Firenze?
7○ Anne, sei sposata?
8○ Professore, Lei è sposato?
9○ Claudia, lavori in centro?

17 Trasformazione
Rewrite the sentences in the conversation below using formal address, as in the example.

- Allora, Peter, tu sei inglese?
▼ No, veramente sono australiano.
- Ah, e abiti qui a Milano?
▼ Sì, da due anni.
- E che lavoro fai?
▼ Sono uno stilista.
- Be', allora vivi nella città ideale.
▼ Sì, è perfetta anche per mia moglie.
- Perché? Che lavoro fa lei?
▼ Anche lei fa la stilista, e fa anche la modella.

- _Allora, signor Dahl, Lei è inglese?_
▼ No, veramente sono australiano.
- _____
▼ Sì, da due anni.
- _____
▼ Sono uno stilista.
- _____
▼ Sì, è perfetta anche per mia moglie.
- _____
▼ Anche lei fa la stilista, e fa anche la modella.

18 Frasi legate

Separate the letters and put in punctuation, as in the example. You will find six mini-dialogues.

1 Comestainonc'èmaleetu   – Come stai? – Non c'è male. E tu?

2 Ciaocomevabenissimograzie _____

3 ComestasignorabenegrazieeLei _____

4 Luiè Pierounmioamicopiacere _____

5 Lucaparlalinglesesìmoltobene _____

6 LepresentoilsignorFoglipiacereMonti _____

19 Intonazione

12

*Question or statement? Listen to the sentences and insert a question mark (?)
or a period (.). Then listen again and repeat with the correct intonation.*

1 Tommaso parla bene il tedesco __

2 Lara è di Pisa __

3 Lui è Guido __

4 Maria non è brasiliana __

5 Rose è di Las Vegas __

6 La signora Rossetti non sta bene __

7 Lei è irlandese __

8 Sei cileno __

4 TEMPO LIBERO

1 Combinazioni
Match the words and make up sentences.

1 ◯ Franco guarda   **a** in palestra.

2 ◯ Nicola va   **b** sempre a casa.

3 ◯ Alessia legge   **c** sport.

4 ◯ Matteo dorme   **d** un libro.

5 ◯ Federica sta   **e** a lungo.

6 ◯ Paola fa   **f** la TV.

Federica

2 Presente indicativo
Complete the mini-dialogues with the correct form of the verbs in brackets.

1 ■ Dario, cosa (*tu – fare*) _____ nel tempo libero?

    ▼ Di solito (*io – ascoltare*) _____ la musica o (*fare*) _____ una passeggiata.

2 ■ Serena, (*tu – dormire*) _____ a lungo la domenica?

    ▼ Sì, ma poi (*io – fare*) _____ sport: (*andare*) _____ in bicicletta

    o (*giocare*) _____ a tennis.

3 ■ Mario, che cosa (*tu – fare*) _____ oggi?

    ▼ Oggi (*io – giocare*) _____ a carte con gli amici e poi (*andare*) _____

    al cinema.

4 ■ Tu (*fare*) _____ molto sport nel tempo libero?

    ▼ No, io (*stare*) _____ a casa: (*leggere*) _____, (*suonare*) _____

    la chitarra, (*ascoltare*) _____ musica o (*cucinare*) _____.

3 Lessico
Complete the sentences with the following words.

(in) (palestra) (sto) (ascolto) (passeggiata) (giochi) (tempo) (a)

1 Riccardo va in _____ per fare sport.

2 Silvio va _____ bicicletta la domenica.

3 Oggi _____ a casa.

4 Faccio una _____ nel parco.

5 La domenica dormo _____ lungo.

6 _____ a tennis nel weekend?

7 Quando non lavoro, _____ la musica o leggo.

8 Che cosa fai nel _____ libero?

4 Presente indicativo

Complete the sentences with the present tense form of the following verbs. The verbs are not in order.

(andare) (fare) (fare) (giocare) (dormire) (guardare) (leggere) (stare)

❶ Paola, (*tu*) _____ il giornale nel tempo libero?

❷ Il sabato Samuele _____ in palestra.

❸ ■ Che cosa _____ Serena stasera?

   ▼ Stasera (*lei*) _____ a casa e _____ la TV.

❹ ■ Nel tempo libero io _____ a rubgy. E tu?

   ▼ _____ una passeggiata.

❺ Carla non _____ molto: solo 4 o 5 ore a notte.

5 Presente indicativo

Complete the text below conjugating the verbs in brackets in the present tense form.

Tim, Rose e Gloria sono tre studenti americani che (*abitare*) _____
a Venezia. Tim (*fare*) _____ un corso di lingua italiana all'università.
Rose e Gloria (*parlare*) _____ bene l'italiano e quindi non
(*studiare*) _____ la lingua, ma (*fare*) _____ un corso
di arte italiana. Il corso di Tim (*essere*) _____ molto interessante
perché gli altri studenti (*arrivare*) _____ da vari continenti e Paesi.
L'insegnante (*essere*) _____ una ragazza di Firenze molto simpatica.
In classe lei (*parlare*) _____ soltanto italiano; quando gli studenti non
(*capire*) _____ quello che dice, (*loro – chiedere*) _____
di ripetere. Tutti (*provare*) _____ a comunicare in italiano. Tim
(*andare*) _____ all'università tutti i giorni, da lunedì a venerdì. Le lezioni
(*cominciare*) _____ la mattina alle 9:00 e (*finire*) _____
alle 13:00. Il corso di Rose e Gloria invece (*essere*) _____ soltanto due
volte a settimana. In realtà (*loro – passare*) _____ molto tempo a casa:
(*leggere*) _____ libri di arte – il periodo che (*preferire*) _____
è il Rinascimento –, (*scrivere*) _____ composizioni e (*visitare*)
_____ musei e gallerie.
La sera i tre amici (*preparare*) _____ la cena insieme:
Rose (*fare*) _____ la spesa in un mercato vicino casa e Tim e Gloria
(*cucinare*) _____ piatti tipici italiani.

6 Lessico
Solve the anagrams of the days of the week. Then put them in numerical order, as in the example.

a botasa → _____ ○

b tediram → _____ ○

c ulnide → *lunedì* ①

d amceidon → _____ ○

e enrdvei → _____ ○

f cderlemoi → _____ ○

g igiveod → _____ ○

7 Presente indicativo e avverbi di frequenza
*Complete the sentences conjugating **highlighted** verbs in the present tense form and inserting the adverbs of time in brackets, as in the example. More than one solution is possible.*

❶ Mario **cucinare** con gli amici. *(spesso)* <u>Mario cucina spesso / Spesso Mario cucina con gli amici.</u>

❷ La sera noi **guardare** la TV. *(di solito)* _____

❸ Io non **andare** in macchina. *(quasi mai)* _____

❹ Caterina e Rosa **giocare** a tennis. *(qualche volta)* _____

❺ Roberta **andare** al cinema. *(spesso)* _____

❻ Il sabato io **fare** una passeggiata. *(quasi sempre)* _____

❼ Noi **suonare** la chitarra. *(qualche volta)* _____

❽ Mara e Stefano **finire** di lavorare tardi. *(sempre)* _____

❾ Tu non **fare** sport. *(mai)* _____

8 Avverbi di frequenza
*Complete the sentences with the adverbs of time (**mai, qualche volta, spesso, sempre**) based on the days of the week that are shown near the sentence, as in the example. More than one solution is possible.*

❶ Io faccio sport.
Ⓛ Ⓜ Ⓜ Ⓖ Ⓥ Ⓢ Ⓓ
<u>Io faccio sport spesso. / Io faccio spesso sport.</u>

❷ Faccio colazione al bar.
Ⓛ Ⓜ Ⓜ Ⓖ Ⓥ Ⓢ Ⓓ
_____

❸ Gioco a tennis.
Ⓛ Ⓜ Ⓜ Ⓖ Ⓥ Ⓢ Ⓓ
_____

❹ Roberta non va al cinema.
Ⓛ Ⓜ Ⓜ Ⓖ Ⓥ Ⓢ Ⓓ
_____

❺ Vado a lavorare in bicicletta.
Ⓛ Ⓜ Ⓜ Ⓖ Ⓥ Ⓢ Ⓓ
_____

❻ Aurora e Paolo studiano insieme.
Ⓛ Ⓜ Ⓜ Ⓖ Ⓥ Ⓢ Ⓓ
_____

9 Avverbi interrogativi

Complete the following questions with the interrogatives in the list, then match questions and answers.

| Qual | Come | Dove | Come | Quali | chi | dove | Quanti |

❶○ _____ anni hai?

❷○ Di _____ siete?

❸○ _____ lingue parli?

❹○ _____ stai?

❺○ _____ lavorate?

❻○ _____ ti chiami?

❼○ _____ è il tuo numero di telefono?

❽○ Con _____ abiti?

ⓐ L'italiano e l'inglese.

ⓑ In una fabbrica.

ⓒ Giuseppe, e tu?

ⓓ Con la mia famiglia.

ⓔ 055235507.

ⓕ Non c'è male, grazie.

ⓖ 48.

ⓗ Di Palermo.

10 Avverbi interrogativi

Rearrange the sentences in the list and then insert them in the conversation, as in the example. Jumbled up sentences are not in the correct order.

| studi, · che · quando · fai? · cosa · non | studi? · cosa · che | sport · pratichi? · quale |

| abiti? · chi · con | ~~ti · chiami? · come~~ | anni · hai? · quanti | dove · di · sei? |

■ *Come ti chiami?* _____

▼ Giulia.

■ _____

▼ Sono toscana, di Firenze.

■ _____

▼ Ventidue.

■ _____

▼ Scienze politiche.

■ _____

▼ Con due amiche.

■ _____

▼ Nel tempo libero esco, vedo gli amici e faccio molto sport.

■ _____

▼ Tennis.

11 Ascolto

13 (◀

Listen to the recording and select the correct meaning of the expressions with avere.

	to need	to be afraid of	to feel like		to need	to be afraid of	to feel like
❶	○	○	○	❺	○	○	○
❷	○	○	○	❻	○	○	○
❸	○	○	○	❼	○	○	○
❹	○	○	○	❽	○	○	○

12 Espressioni con il verbo *avere*
*Complete the sentences below with the correct forms of **avere** and fill in the blanks with the words in the list, as in the example.*

(~~paura~~) (bisogno) (fretta) (sete) (fame) (voglia) (sonno)

> Esempio:
> (*Noi – Avere*) ___Abbiamo___ poco tempo studiare,
> per questo (*noi – avere*) ___abbiamo___ ___paura___ di non superare l'esame!

❶ Noi studiamo molto e dormiamo poco, per questo (*avere*) _____ sempre

_____.

❷ Maria e Jacopo (*avere*) _____ _____ e prendono un panino.

❸ ■ Giulio, (*tu – avere*) _____ _____ di un gelato?

   ▼ No, grazie.

❹ Per andare in Cina (*voi – avere*) _____ _____ del passaporto.

❺ Non è mai possibile parlare con Carlo: (*lui – avere*) _____ sempre molta

_____!

❻ Loro bevono un tè freddo quando (*avere*) _____ _____.

13 Presente indicativo
Complete the verb table.

	andare	bere	essere	fare	stare	avere
io				faccio		
tu			sei			
lui / lei / Lei		beve				
noi					stiamo	
voi	andate					avete
loro						

14 Presente indicativo

*Complete with the correct form of the verbs **andare, bere, stare, fare** or **avere**.*

❶ Sara e Tommaso _____ in palestra il martedì e il venerdì.

❷ Scusate, (*voi*) _____ sete? Perché non _____ un bicchiere d'acqua?

❸ Noi questo weekend _____ a casa a studiare. Lunedì _____ un esame.

❹ ■ Ragazzi, che cosa (*voi*) _____ domani pomeriggio?

  ▼ _____ al cinema e poi in pizzeria.

❺ ■ Ma dove _____ Gianni e Sofia così presto?

  ▼ _____ a dormire perché _____ sonno.

❻ ■ Francesca, che cosa (*tu*) _____ stasera?

  ▼ _____ a una festa di amici. _____ voglia di venire anche tu?

15 Presente indicativo

Complete the sentences with the correct form of the verbs in brackets.

❶ Che cosa (*fare*) _____ Giulio e Sandro nel tempo libero?

❷ Signora, (*Lei – capire*) _____ l'italiano?

❸ Voi quando (*andare*) _____ in palestra?

❹ La mattina (*io – bere*) _____ sempre un caffè.

❺ Io e Eleonora (*essere*) _____ di Trieste.

❻ Sara e Daniele (*partire*) _____ per Londra.

❼ (*Noi – Fare*) _____ una passeggiata nel parco.

❽ Un minuto, (*io – finire*) _____ il caffè e arrivo!

❾ Quanti anni (*voi – avere*) _____?

❿ (*Loro – Visitare*) _____ il museo degli Uffizi.

16 Trasformazione

Transform this text into the third person singular and the second person plural.

> Nel tempo libero visitiamo la città: ogni giorno facciamo lunghe passeggiate, vediamo posti interessanti, mangiamo in ristoranti nuovi o beviamo un caffè al bar.

Nel tempo libero (lei) ...

Nel tempo libero (voi)...

17 Verbi *conoscere* e *sapere*
<u>Underline</u> the correct option.

❶ Io non **conosco / so** Roma molto bene.

❷ Voi **conoscete / sapete** ballare?

❸ Scusa, **conosci / sai** come si chiama quella ragazza?

❹ Non **conosciamo / sappiamo** quando parte il treno.

❺ Martina **conosce / sa** Giacomo da molti anni.

❻ **Conosco / So** Marcello molto bene e **conosco / so** che ha paura di viaggiare in aereo.

❼ Voi **conoscete / sapete** suonare la chitarra?

❽ **Conosci / Sai** quando arriva Lorenzo?

18 *Sapere* o *conoscere*?
Make up as many sentences as you can, as in the example.

❶ Francesca, sai
❷ Conoscete
❸ Ragazzi, sapete
❹ Paolo, conosci
❺ Non troviamo i passaporti,
❻ Loro non conoscono

ⓐ un buon ristorante qui vicino?
ⓑ non sappiamo dove sono.
ⓒ Firenze.
ⓓ dov'è il cinema Ariston?
ⓔ Marie, la mia amica francese?
ⓕ quanto costa un biglietto per il concerto?

19 Verbi *conoscere* e *sapere*
*Complete the sentences with the correct form of the verbs **conoscere** or **sapere**.*

❶ Ragazzi, (*voi*) _____ a che ora comincia il corso?

❷ Ho molti amici spagnoli, ma non (*io*) _____ lo spagnolo.

❸ I figli di Marta _____ Franco?

❹ Sono molto indeciso, non _____ che cosa fare!

❺ (*Voi*) _____ dov'è una buona pizzeria?

❻ (*Lei*) _____ una buona pizzeria?

❼ Maria e Antonio non _____ cucinare.

❽ Lorenzo _____ sciare bene.

20 Verbi *conoscere* e *sapere*
Complete the sentences with the correct form of the verbs **conoscere** *or* **sapere**.

1 Da quanto tempo voi _____ Laura?

2 Paolo e Maura non _____ nuotare.

3 Noi non _____ quando arriva Stefano.

4 Lei _____ Berlino?

5 Tu _____ molte persone in questa scuola, ma non _____
come si chiama la professoressa di italiano!

21 Il verbo *piacere*
<u>Underline</u> *the correct form of* **piacere**.

1 Non mi **piace / piacciono** l'opera lirica.

2 Ti **piace / piacciono** i film d'avventura?

3 Amo la musica pop e mi **piace / piacciono**
le canzoni di Laura Pausini.

4 Mi **piace / piacciono** viaggiare.

5 Ti **piace / piacciono** la cucina francese?

6 ■ Ti **piace / piacciono** uscire la sera?
▼ No, non mi **piace / piacciono** molto.

22 Ascolto
14 ((▶

a. *Listen to the recording and select the correct option.*

	A Carlo piace	A Carlo non piace	A Valeria piace
1 giocare a tennis	○	○	○
2 cucinare	○	○	○
3 andare al ristorante	○	○	○
4 l'arte	○	○	○
5 dormire a lungo	○	○	○
6 andare al cinema	○	○	○

b. *Listen to the recording again and decide whether the following sentences are true or false.*

	true	false
1 Carlo non lavora mai il sabato.	○	○
2 Carlo non sa giocare bene a tennis.	○	○
3 Valeria sa cucinare bene.	○	○
4 Valeria va in palestra.	○	○
5 Carlo fa un corso di cucina.	○	○
6 Il sabato Valeria pranza al ristorante.	○	○

23 Il verbo *piacere*
Complete the sentences with the correct form of the verb **piacere**.

❶ Ti _____ la musica rock?

❷ Ti _____ ballare?

❸ Mi _____ gli spaghetti al pomodoro.

❹ Mi _____ dormire a lungo.

❺ Ti _____ i film cinesi?

❻ Il corso d'italiano mi _____ molto.

24 Il verbo *piacere*
Make up questions and answers, as in the example.

Esempio:	
la musica classica →	Ti piace la musica classica?
	Sì, mi piace (molto). / No, non mi piace (per niente).

❶ leggere → _____?
_____.

❷ i fumetti → _____?
_____.

❸ cucinare → _____?
_____.

❹ il pesce → _____?
_____.

❺ i film americani → _____?
_____.

25 Presente indicativo
Complete the sentences with the correct form of the verbs in the list below.
The verbs are not in the correct order.

(andare) (fare) (piacere) (piacere) (studiare) (suonare)

❶ La domenica mattina (*io*) _____ volentieri una passeggiata.

❷ Pietro e Davide _____ il violino.

❸ Nel tempo libero Giulia _____ in palestra.

❹ Mi _____ le canzoni di Tiziano Ferro.

❺ Noi _____ il portoghese per lavoro.

❻ Non mi _____ studiare.

26 Lettura

Read the profiles and answer the questions selecting the correct option(s).

Nome: Cesar

Cognome: Ponti

Età: 31

Paese: Brasile

Professione: insegnante

Insegno inglese. Nel tempo libero vado in bicicletta, gioco a tennis, faccio lunghe passeggiate, oppure ascolto musica jazz. Studio la lingua italiana perché vorrei trovare lavoro in Italia.

Nome: Olga

Cognome: Sukova

Età: 25

Paese: Russia

Professione: studentessa

Studio economia. Mi piace fare giardinaggio, viaggiare, leggere, andare al cinema. Studio l'italiano da sei mesi e amo la cucina italiana (lasagne, spaghetti ai frutti di mare, risotti...). Vorrei conoscere studenti italiani.

Nome: Anne

Cognome: Blanc

Età: 24

Paese: Francia

Professione: receptionist

Studio la lingua italiana perché lavoro in un hotel. Vorrei conoscere altre persone che imparano l'italiano. Nel tempo libero faccio sport, leggo libri, ascolto musica. Mi piacciono moltissimo le canzoni di Tiziano Ferro e Laura Pausini.

	Cesar	Olga	Anne
❶ Chi lavora?	○	○	○
❷ Chi fa sport?	○	○	○
❸ Chi ama la musica italiana?	○	○	○
❹ Chi ama leggere?	○	○	○
❺ Chi studia l'italiano per lavoro?	○	○	○
❻ Chi lavora in una scuola?	○	○	○

A · TEST

TOTALE ____ /100

1 Articoli determinativi e sostantivi

__ /30

Write the definite article before each noun and then write both the article and noun in the plural form.

① ____ sedia → ____ _____
② ____ scrittore → ____ _____
③ ____ limone → ____ _____
④ ____ antipasto → ____ _____
⑤ ____ attrice → ____ _____

Write the definite article before each noun and then write both the article and noun in the singular form.

⑥ ____ lezioni → ____ _____
⑦ ____ ospedali → ____ _____
⑧ ____ nomi → ____ _____
⑨ ____ studenti → ____ _____
⑩ ____ impiegate → ____ _____

2 Articoli determinativi e indeterminativi

__ /15

Read the following texts, then underline the correct indefinite article.

ⓐ Bianca Parigini è **un' / un** architetta, lavora in **un / uno** studio importante di Venezia. **Il / Lo** lunedì e **il / lo** mercoledì organizza tour per studenti di arte di molte università. Conosce molto bene **la / una** sua città e **un / il** sabato normalmente visita altre città italiane con **gli / le** amici.

ⓑ Dario Valentini fa **le / il** parrucchiere in **un / uno** centro estetico di Torino. **Il / Un** mercoledì segue **un / il** corso di massaggio shiatsu. Sogna di aprire **un / uno** centro shiatsu a Teramo, **l' / la** sua città d'origine. È appassionato di film francesi e **la / il** venerdì segue anche **i / un** corso di storia del cinema.

3 Presente indicativo

__ /20

Complete the e-mail with the correct present form of the verbs in brackets.

Ciao Katie,
come (*stare*) _____? Io (*essere*) _____ a Roma, per fare un master in archeologia. (*Tu – Conoscere*) _____ Roma? (*Essere*) _____
una città bellissima con tanti monumenti e tanta arte. La mattina, dal lunedì al venerdì,
(*io – andare*) _____ all'università: il corso di archeologia mi (*piacere*) _____
molto e i professori (*essere*) _____ molto preparati. Dopo le lezioni
(*io – avere*) _____ del tempo libero e generalmente (*fare*) _____
una passeggiata per la città insieme a Yuko e Carla, due compagne di classe.
Insieme (*noi – visitare*) _____ musei e chiese, (*fare*) _____ fotografie
e quando (*essere*) _____ stanche (*andare*) _____ in un bar e
(*prendere*) _____ qualcosa da bere. La sera generalmente (*io – restare*) _____
a casa a studiare, ma il fine settimana spesso (*andare*) _____ al cinema con le mie
amiche. Dopo il cinema loro (*andare*) _____ anche in discoteca, ma io
(*preferire*) _____ tornare a casa; le discoteche non mi (*piacere*) _____
perché non (*io – sapere*) _____ ballare!
Un saluto e a presto, Martina

4 *Sapere* e conoscere   __ /5
*Complete the sentences with the correct present form of the verbs **sapere** or **conoscere**.*

1 Marcella non _____ giocare a tennis.

2 Nina, (*tu*) _____ un ristorante thailandese a Milano?

3 Non vivo qui, non _____ qual è l'autobus per la stazione.

4 Carla, Paolo, (*voi*) _____ il professor Rossi?

5 Siete di Roma? _____ dov'è San Pietro?

5 Interrogativi   __ /10
Complete each conversation with one of the interrogatives of the list below.

Che cosa	Che cosa	Come	Come	Di dove

Dove	Perché	Qual	Quando	Quanti

1 ■ _____ ti chiami?
▼ Maria Rossi.

2 ■ _____ sei?
▼ Sono americana.

3 ■ _____ abiti qui a Palermo?
▼ Abito qui a Palermo per lavoro.

4 ■ _____ torni in Italia?
▼ Tra un mese.

5 ■ _____ fai?
▼ Sono impiegata in un'agenzia turistica.

6 ■ _____ lavori?
▼ In centro, in una scuola di lingue.

7 ■ _____ ti piace fare nel tempo libero?
▼ Nel tempo libero, vado al cinema.

8 ■ _____ caffè ordino?
▼ Tre normali e due macchiati.

9 ■ _____ è la tua città preferita?
▼ Non sono sicura, forse Napoli.

10 ■ _____ stai oggi?
▼ Benissimo, grazie. E tu?

6 Trasformazione   __ /20
Rewrite the following conversation changing it from informal to formal address.
Each modified item is worth 2 points.

■ Ciao, sono Marco.

▼ Piacere, Dana, sono inglese. Tu sei italiano?

■ No, sono argentino, ma lavoro in Italia.

▼ Che lavoro fai?

■ Sono traduttore, e tu?

▼ Io studio all'università.

■ Dove studi?

▼ All'Università per stranieri. Sai dov'è?

■ Sì, è qui vicino. Conosci Maria Parisi?

▼ Sì, certo, è la mia insegnante. Perché conosci Maria?

■ È la mia insegnante privata.

▼ Che coincidenza!

■ Prendi un caffè con me?

▼ Volentieri, grazie. Quale bar preferisci?

■ È lo stesso.

■ Buongiorno, sono Marco Berio.
▼ Piacere, Dana Jones...

IN GIRO PER L'ITALIA

1 Lessico

Complete the interview below with the words in the list.

| appartamento | bicicletta | camera | casa | centro | città | estate |
| filosofia | giorni | locali | negozio | palazzo | tempo |

Da quanto _____ vivi a Bologna?
Da tre anni.

Che cosa studi?
Studio _____ all'università.

Con chi vivi?
Vivo con altre ragazze in un appartamento
vicino al _____.

Ti piace questa situazione?
Sì, molto! L'_____ è tranquillo
e la mia _____ è luminosa.
Nel _____ ci sono altri studenti:
al primo piano abitano due ragazze spagnole
e vicino a noi abitano tre ragazzi simpatici di
Venezia. Qualche volta la sera usciamo insieme:
a Bologna ci sono molti _____
economici. In primavera e in _____,
spesso ceniamo insieme in terrazza: abbiamo
una terrazza spaziosa.

Dove studi: a casa o in biblioteca?
Dipende. Quando ho lezione rimango
all'università e vado in biblioteca
a studiare. Gli altri giorni rimango
a _____. Il nostro
appartamento è silenzioso: due di noi,
Paola e Francesca, lavorano (fanno le
commesse in un _____),
escono la mattina e tornano a casa
la sera; Maria studia medicina e va
all'università tutti i _____.

Come vai all'università e come giri per
la _____?
Di solito vado in _____
o in autobus.

2 Presente indicativo

Complete the sentences with the correct present form of the verbs in brackets.

1 C'è un messaggio di Andrea,
(*lui – dire*) _____ che va a una
festa stasera e non (*venire*) _____
in pizzeria con noi.

2 Io (*uscire*) _____ con gli amici
stasera e poi (*rimanere*) _____
a dormire da Sergio.

3 ■ Anna e Lea non (*venire*) _____
a Venezia con noi domani.
▼ Che peccato! Ma perché?
■ (*Loro – Rimanere*) _____ a casa
per studiare, giovedì (*dare*) _____
un esame molto importante.

4 ■ Che fate questo fine settimana?
▼ Sabato (*noi – uscire*) _____ con
Viviana, andiamo al ristorante indiano.
Perché non (*venire*) _____ anche
tu?

5 Ragazzi, (*voi – essere*) _____ liberi
stasera? (*Venire*) _____ al cinema?

6 ■ Quando arrivi al bar, mi mandi un
messaggio e io (*venire*) _____ lì.
▼ Va bene, ma mi (*tu – dare*) _____
il tuo numero? Non ce l'ho.

3 Presente indicativo

Rewrite the sentences changing the subject, as in the example.

> Esempio:
> Paola e Francesca lavorano: fanno le commesse in un negozio di vestiti.
> Giulio _lavora: fa il commesso in un negozio di vestiti._

❶ Siamo due insegnanti. Normalmente la sera preferiamo restare a casa, ma il fine settimana spesso usciamo. Incontriamo gli amici o andiamo al cinema.
Maria _____

❷ Giovanni viene da Pisa, ma vive a Bari da molto tempo. Fa l'operaio.
Giovanni e Laura _____

❸ Io sono un impiegato e lavoro in banca. Vado al lavoro in bicicletta, ma quando fa molto freddo preferisco andare a piedi.
Voi _____

4 Presente indicativo

Complete the text with the correct present form of the verbs in brackets, as in the example.

> ### Vivere in una città grande o in una città piccola?
>
> In questo articolo (*noi – parlare*) _____parliamo_____ delle differenze tra la vita in un piccolo paese e la vita in una grande città. Riportiamo le opinioni di alcuni cittadini.
>
> Carlo e Nadia: "(*Noi – Abitare*) _____ a Palermo per ragioni di studio, ma (*venire*) _____ da un piccolo paese in campagna. Qualche volta vivere qui (*essere*) _____ difficile: il traffico, lo smog e poi le persone (*avere*) _____ sempre fretta. Io (*pensare*) _____ di tornare al mio paese dopo l'università, ma Nadia (*preferire*) _____ restare qui perché (*dire*) _____ che una città grande (*dare*) _____ più possibilità".
>
> Luca: "Mi (*piacere*) _____ vivere in un piccolo paese. Io e mia moglie (*preferire*) _____ vivere in una città piccola perché non (*amare*) _____ il traffico e lo stress. Un aspetto negativo è la poca privacy: i vicini (*sapere*) _____ sempre dove (*tu – essere*) _____, cosa (*tu – fare*) _____ e quando (*tu – tornare*) _____ a casa dal lavoro".
>
> Eleonora: "Le città grandi, come Torino, (*offrire*) _____ molte possibilità di carriera per una giovane professionista come me. (*Io – Amare*) _____ vivere in città: quando (*finire*) _____ di lavorare (*uscire*) _____ con i miei amici, ogni volta (*io – scoprire*) _____ un nuovo locale e (*conoscere*) _____ persone interessanti. L'unico problema (*essere*) _____ che la vita in città (*diventare*) _____ sempre più cara".
>
> Massimo: "(*Io – Preferire*) _____ abitare in un piccolo paese che in una grande città. Io (*conoscere*) _____ quasi tutte le persone del mio paese, e se (*avere*) _____ bisogno di aiuto, (*sapere*) _____ sempre a chi chiedere. Per le famiglie, le città piccole (*essere*) _____ un posto sicuro dove crescere i figli. I bambini (*uscire*) _____ da soli per giocare e (*andare*) _____ a scuola da soli, (*crescere*) _____ con autonomia".

5 Presente indicativo

Complete the text with the correct present form of the verbs in brackets.

Mi chiamo Lenor, (*essere*) _____ portoghese, ma (*vivere*) _____
in Italia da vent'anni. Abito a Napoli con mio marito e i miei due figli. Mio marito Simone
(*essere*) _____ napoletano e (*fare*) _____ il restauratore. I miei figli
Manuel e Maria (*essere*) _____ gemelli, (*avere*) _____ 16 anni e
(*andare*) _____ alla scuola superiore internazionale qui a Napoli. Sono ragazzi molto
maturi e responsabili, non (*dare*) _____ problemi e noi (*avere*) _____
molta fiducia in loro. Anche quando (*loro – uscire*) _____ con gli amici e
(*tornare*) _____ tardi, noi non (*essere*) _____ preoccupati.
Io (*insegnare*) _____ letteratura portoghese all'università. In genere i miei studenti
(*dire*) _____ che sono una brava insegnante. I miei corsi però
(*essere*) _____ molto difficili e non tutti gli studenti (*rimanere*) _____
fino alla fine. Tutti gli anni noi (*andare*) _____ in Portogallo per le vacanze,
(*stare*) _____ qualche giorno con i miei genitori a Lisbona e poi tutti insieme
(*andare*) _____ a Lagos, una bellissima località sulla costa dell'Algarve, dove
ogni anno (*noi – affittare*) _____ una casa sul mare. Il Portogallo mi manca
qualche volta, ma amo molto Napoli, per me (*essere*) _____ una città splendida,
e mi (*piacere*) _____ i napoletani, perché (*essere*) _____ generosi
e aperti, e non mi (*trattare*) _____ mai come una straniera. Parlare la mia lingua
è la cosa che mi manca veramente. Per fortuna amici e parenti (*venire*) _____
spesso dal Portogallo a trovarci, e in queste occasioni il portoghese (*diventare*) _____
la lingua ufficiale della nostra casa.

6 Preposizioni semplici

Read the following text and <u>underline</u> the correct preposition.

Elena e Lorenzo abitano **in** / **a** Pavia, **in** / **a** un piccolo appartamento **in** / **a** centro. Lorenzo lavora **in** / **a** un bar vicino casa e così va al lavoro **in** / **a** piedi o **in** / **a** bicicletta. Elena invece lavora **in** / **a** un'altra città. Ogni giorno va al lavoro **in** / **a** treno. Parte la mattina presto a torna **in** / **a** casa sempre molto tardi.

7 Preposizioni semplici

Form as many sentences as you can, as in the example.

❶ Luigi abita   in banca   in bicicletta.
❷ Gabriella lavora   al lavoro   in Germania.
❸ Noi studiamo   a casa   in centro.
❹ Noi viviamo   all'università   in autobus.
❺ Maria va   in Francia   a Milano.
❻ Io vado   a Palermo   a Parigi.

8 Preposizioni semplici

Complete the sentences with the correct preposition.

1 Paolo va _____ scuola _____ piedi.

2 Oggi non esco, rimango _____ casa.

3 Teresa va _____ lavorare _____ treno.

4 Clara abita _____ Lucca.

5 Pisa è una città _____ Toscana, vicino _____ Firenze.

6 Alessandro vive _____ un appartamento _____ centro.

9 Preposizioni semplici

*Complete the following e-mail with the prepositions **a** or **in**.*

Cara Valeria,
sono _____ Firenze per frequentare un corso di italiano. La città è un po' caotica, soprattutto _____ centro ci sono molti turisti, ma è bellissima. Quando non frequento le lezioni vado _____ visitare un museo o entro _____ una chiesa per vedere i quadri, gli affreschi e le statue che _____ Australia ammiriamo nei libri. Giro tutto il giorno _____ piedi e la sera sono molto stanca. Comunque esco tutte le sere con i miei compagni di corso, andiamo _____ mangiare _____ un ristorante tipico o beviamo qualcosa _____ un bar, però poi torno _____ casa _____ taxi. Domani vado _____ Pisa.
_____ presto! Catherine

10 C'è / Ci sono

*Complete the sentences with **c'è** or **ci sono**.*

1 A Milano non _____ il mare.

2 In centro _____ molti negozi.

3 Nella chiesa _____ due statue di Gian Lorenzo Bernini.

4 Nel centro commerciale _____ un grande parcheggio.

5 A Roma _____ grandi parchi?

6 Il sabato sera _____ molta gente al cinema.

7 Non è una città famosa, _____ pochi turisti.

8 Nella piazza _____ un bar con i tavolini fuori.

11 C'è / Ci sono

<u>Underline</u> *the correct option.*

Nella mia città **c'è / ci sono** molte piazze, ma la piazza più importante è al centro della città: nella piazza **c'è / ci sono** la cattedrale e **c'è / ci sono** due bar importanti, dove è facile trovare gli artisti e le persone famose. Nella piazza **c'è / ci sono** anche una grande fontana. La mia città è antica, ma **c'è / ci sono** anche un quartiere molto moderno con uffici di grandi aziende internazionali.

12 *C'è / ci sono* oppure *è / sono*
*Complete the sentences with **c'è / ci sono** or with **è / sono**.*

❶ Scusi il cinema Roma _____ qui vicino?

❷ Mi scusi, _____ una pizzeria qui vicino?

❸ Non so se qui _____ un parcheggio.

❹ Il parcheggio _____ davanti alla chiesa.

❺ _____ parcheggi in questa zona?

❻ _____ un film interessante stasera?

❼ Le Terme di Caracalla _____ vicine a San Pietro?

13 Lessico
*Complete the mini-dialogues with **insomma, ma dai** or **volentieri / con piacere**.*

❶ ■ Mauro va a vivere a New York!

   ▼ _____! Che bello!

❷ ■ Di dov'è Paul?

   ▼ Di Boston, o Chicago… _____ è americano.

❸ ■ Prendiamo un caffè al bar?

   ▼ Certo, _____!

❹ ■ Quanti anni ha Ivo?

   ▼ 19, forse 20, _____ è molto giovane.

❺ ■ Anna abita in via Verdi.

   ▼ _____! Anche io abito in via Verdi!

❻ ■ Torniamo a casa a piedi?

   ▼ Io di solito prendo l'autobus, ma vengo _____ a piedi con te!

14 Lessico
Match the items on the left and right and create six words, as in the example.

❶ Ⓕ pia   ⓐ azzo
❷ ◯ pal   ⓑ ale
❸ ◯ fon   ⓒ tana
❹ ◯ chie   ⓓ sa
❺ ◯ loc   ⓔ fico
❻ ◯ traf   ⓕ zza

15 Aggettivi

Change the following word chunks from singular to plural and vice versa, as in the example.

singolare	plurale
il centro storico	i centri storici
il quartiere diverso	
	gli spazi culturali
la piccola isola	
	le zone centrali
il posto particolare	
	le spiagge meravigliose
lo studente internazionale	
l'atmosfera unica	
	le manifestazioni culturali

16 Trasformazioni

Transform the following sentences by changing the subject, as in the example.

1 Samuel è francese, di Marsiglia, ma abita a Parigi. Ha 32 anni.

Samuel e Alain sono francesi, di Marsiglia, ma abitano a Parigi. Hanno 32 anni.

2 L'appartamento è tranquillo e silenzioso e la camera è luminosa.

Gli appartamenti _____ e le camere _____

3 Nel palazzo ci sono due ragazze inglesi molto simpatiche. Abitano al primo piano.

Nel palazzo c'è _____

4 Bologna è abbastanza piccola ma molto vivace.

Bologna e Parma _____

5 Nel mio quartiere non ci sono delle pizzerie tipiche ma ci sono due ristoranti cinesi.

Nel mio quartiere non c'è _____ ma c'è _____

6 Rosa fa la commessa in un negozio, è molto brava e gentile.

Rosa e Carlo _____

17 Aggettivi

Complete Michael's e-mail with the adjectives in the list, as in the example. Remember to change adjective endings appropriately.

(altro) (caro) (grande) (interessante) (interessante)

(~~piccolo~~) (singolo) (prossimo) (tanto)

◉◉◉   ⬭

Caro Roberto,
sono qui a Montepulciano per frequentare un corso d'italiano. La città mi piace molto:
è _____*piccola*_____, ma ci sono _____ cose _____
da vedere. E poi è anche un posto tranquillo perché il centro è zona pedonale. Abito a casa
di una famiglia e così ho la possibilità di continuare a parlare in italiano anche quando non
sono a scuola. Ho una camera _____ con un _____ balcone.
Insomma, sto veramente benissimo. Anche le lezioni sono _____ e noi
impariamo molto. Dopo i corsi torno a casa per il pranzo, faccio i compiti e poi visito la città
o _____ posti nei dintorni. La sera dopo cena prendo un gelato o ascolto
un concerto in piazza. Purtroppo il corso finisce sabato _____ e lunedì
ricomincia il lavoro.
Tanti _____ saluti e... a presto!
Michael

---

18 Lessico

Look at the picture, then put the directions in the correct order.

Per arrivare all'università vai dritto e
poi prendi...

ⓐ◯ L'università è lì di fronte

ⓑ◯ Vai ancora avanti e al secondo

ⓒ◯ la prima strada a sinistra. Attraversi

ⓓ◯ una piazza, continui ancora dritto e poi giri a

ⓔ◯ a una grande chiesa.

ⓕ◯ giri ancora a destra, in via Calepina.

ⓖ◯ incrocio

ⓗ◯ destra (all'angolo c'è un supermercato).

19 Lessico

Look at the map thoroughly, then complete each dialogue with the expressions in the list.

| a destra | Continua dritto | davanti | gira a destra | va fino al semaforo |

| la prima traversa | prima traversa gira a sinistra |

1 ■ Scusi, come posso arrivare dall'hotel alla stazione?

▼ Lei esce dall'albergo, va subito _____,

alla _____,

_____ e poi

_____. _____

e subito dopo _____

Lei è proprio _____ alla stazione.

| Al primo, no anzi al secondo | attraversa |

| gira a destra | gira a sinistra | uno… due incroci | va dritto | gira a sinistra |

2 ■ Mi scusi, che strada devo prendere per trovare l'ospedale?

▼ Lei esce dalla banca e _____ e _____

per un po'. A un certo punto _____ una piazza.

_____ incrocio

_____, attraversa _____

e al terzo _____. E lì davanti trova l'ospedale.

| **S** stazione | **B** banca | **O** ospedale |

20 Lessico

Look at the map and decide whether these statements are true or false.

	true	false
1 L'ufficio postale è davanti alla chiesa.	○	○
2 L'edicola è accanto al supermercato.	○	○
3 Il distributore è di fronte alla stazione.	○	○
4 I telefoni sono fra la farmacia e il teatro.	○	○
5 La fermata dell'autobus è dietro l'ospedale.	○	○

21 Ascolto
Listen to the recording and select the expressions you hear.

❶ esce dall'albergo ⚪

❷ continua dritto fino a un semaforo ⚪

❸ dietro l'albergo ⚪

❹ gira a sinistra ⚪

❺ attraversa la strada ⚪

❻ gira a sinistra all'incrocio ⚪

❼ piccola piazza ⚪

❽ continua dritto dopo la piazza ⚪

❾ gira a destra ⚪

❿ la seconda traversa a sinistra ⚪

⓫ davanti alla banca ⚪

15 🔊

22 Lessico
Number the following times in chronological order, as in the example.

⚪ è mezzogiorno   ⚪ sono le dodici meno venti

⚪ sono le dodici meno dieci   ① sono le undici e dieci

⚪ sono le undici e un quarto   ⚪ sono le undici e trentacinque

⚪ sono le undici e venticinque   ⚪ sono le undici e mezza

⚪ è mezzanotte   ⚪ è mezzogiorno meno un quarto

23 Lessico
Complete the times with missing words.

❶ 11:45 → _____ mezzogiorno _____ un _____.

❷ 9:20 → Sono _____ _____ _____ venti.

❸ 14:30 → _____ _____ due _____ _____.

❹ 8:15 → _____ le _____ _____ un _____.

❺ 1:05 → _____ _____ una _____ _____.

❻ 8:55 → Sono _____ _____ _____ cinque.

❼ 00:10 → _____ _____ _____ _____.

❽ 10:40 → _____ _____ undici _____ _____.

24 Lessico
Look at the pictures and write what time it is.

 ❶ _____

 ❺ _____

 ❷ _____

 ❻ _____

 ❸ _____

 ❼ _____

 ❹ _____

 ❽ _____

25 Pronuncia

a. *Listen to the recording and repeat the words. Pay particular attention to the pronunciation and how they are spelled.*

16

conosco – conosci esci – tedeschi

esco – esci esce – tedesche

capisco – capisci piscina – Peschici

preferisco – preferisci scendere – bruschetta

sciare – Ischia

b. *Close the book, listen to the recording again and write down the words on a piece of paper.*

c. *Read aloud the following sentences. Then listen to the recording and check your pronunciation.*

17

Francesca esce con due amiche tedesche.

Anche noi usciamo con amici tedeschi.

Conoscete Ischia?

Sul letto c'è il cuscino e nel bagno c'è l'asciugamano.

Marco va a sciare, Federica invece preferisce andare in piscina.

Prendiamo l'ascensore o scendiamo a piedi?

IN ALBERGO

1 Lessico

Find the words. The remaining letters will give you another word for **albergo**.

PARCHEGGIOFRIGOBARPECUCINANSIDOCCIAOARIACONDIZIONATANCOLAZIONEEMATRIMONIALI

Soluzione: _ _ _ _ _ _ _ _ _

2 Lessico

Now complete the following advertisements with the words that you have just found, as in the example.

❶ Villa Mary: albergo con _____ privato. 32 camere con vasca o
_____ *doccia* _____. Tutte con TV, telefono e _____ con snack e bevande.

❷ Residenza Miramonti: 10 camere doppie o _____, tutte con bagno e
_____.

❸ Albergo Bellavista: 35 camere singole e doppie. _____ compresa.
Ristorante aperto a pranzo e cena con _____ tipica.

3 Cruciverba

It is a type of hotel. Write the correct words in the crossword puzzle and you will find the solution in the gray boxes.

❶ Camera per una persona.
❷ Camera con un letto per due persone.
❸ Posto per la macchina.
❹ Sette giorni.
❺ Il giorno dopo il sabato.
❻ Camera con due letti.
❼ Cappuccino, pane, marmellata e burro.

4 Lessico

Complete the sentences with the words in the list.

(matrimoniale) (terrazza) (valigie) (singoli) (condizionata) (doppia)

❶ Mi scusi, ma nella mia camera non funziona l'aria _____.

❷ Posso lasciare le _____ alla reception fino a mezzogiorno?

❸ Io e mia moglie dormiamo nel letto _____, i bambini dormono nei letti
_____.

❹ Questo albergo mi piace perché c'è una grande _____ con una piscina e
un ristorante all'aperto.

❺ Posso usare la camera _____ come singola?

5 Frasi scomposte

Match the parts of the questions. Write C next to the customer's questions and R next to the receptionist's questions, as in the example.

1 ⓓ Desidera una camera con   **a** mi lascia il numero della sua carta di credito? ◯

2 ◯ Avete ancora   **b** c'è la televisione? ◯

3 ◯ Quanto   **c** c'è il garage? ◯

4 ◯ Nella camera   **d** o senza bagno? ⓡ

5 ◯ Nell'albergo   **e** una singola per questa sera? ◯

6 ◯ Per la conferma   **f** viene la camera? ◯

6 Verbi modali

Make up sentences, as in the example.

1 Scusi,	può mandare	domani sera.
2 Io	volete fare	la stanza entro le 11:00.
3 I signori Mori	posso sapere	un'e-mail.
4 Noi	voglio prenotare	quanto viene la stanza?
5 Per la conferma Lei	vogliono sapere	colazione in camera?
6 Voi	deve partire	quanto costa una stanza doppia.
7 Il Signor Redi	dobbiamo lasciare	una stanza per tre notti.

7 Verbo *dovere*

*Complete the sentences with the correct present form of the verb **dovere**.*

1 (*Io*) _____ pagare un extra per il cane?

2 (*Voi*) _____ lasciare le camere entro mezzogiorno.

3 (*Tu*) _____ presentare un documento di identità.

4 (*Loro*) _____ arrivare al B&B entro mezzanotte.

5 (*Noi*) _____ annullare la prenotazione.

6 (*Lei*) _____ trovare un albergo economico in centro.

8 Verbo *potere*

*Complete the sentences with the correct present form of the verb **potere**.*

1 (*Noi*) _____ avere una camera con il balcone?

2 Il cane non _____ accedere all'area intorno alla piscina.

3 (*Voi*) _____ pagare anche con l'American Express.

4 (*Io*) _____ avere una camera con vista sul mare?

5 (*Tu*) _____ spegnere l'aria condizionata?

6 Quando lasciano la stanza, i clienti _____ lasciare le valigie alla reception.

9 Verbo *volere*

*Complete the sentences with the correct present form of the verb **volere**.*

1 (*Tu*) _____ fare colazione in albergo?

2 I signori della 47 _____ cambiare stanza.

3 (*Voi*) _____ una camera con vista sul mare?

4 (*Noi*) _____ una camera matrimoniale, non una doppia!

5 Oggi (*io*) _____ passare tutta la giornata in spiaggia.

6 Signora, (*Lei*) _____ una mappa della citta?

10 Verbi modali

Complete the sentences with the correct present form of the verbs in brackets.

1 ■ (*Voi – Volere*) _____ venire a cena da me stasera?

▼ Purtroppo non (*potere*) _____, siamo già occupati.

2 Ilaria e Stefano non (*potere*) _____ uscire perché (*dovere*) _____ studiare.

3 (*Lei – Volere*) _____ il menù, signora?

4 Signora Mocci, (*Lei – potere*) _____ inviarmi un'e-mail di conferma?

5 ■ (*Io – Potere*) _____ chiamarti più tardi?

▼ Se (*tu – volere*) _____, (*tu – potere*) _____ chiamarmi verso le cinque.

6 Stasera (*io – volere*) _____ andare al cinema. (*Voi – Volere*) _____ venire con me?

7 ■ Che cosa (*voi – dovere*) _____ studiare questo pomeriggio?

▼ (*Noi – Dovere*) _____ studiare chimica.

8 ■ Filippo, (*tu – volere*) _____ venire al cinema con me oggi pomeriggio?

▼ Mi dispiace, ma non (*potere*) _____, oggi (*dovere*) _____ lavorare fino a tardi.

9 ■ (*Tu – Volere*) _____ un gelato o un caffè?

▼ (*Io – Volere*) _____ un gelato, grazie.

10 Signor Flamini, se (*Lei – volere*) _____ arrivare puntuale all'aeroporto, (*Lei – dovere*) _____ partire fra cinque minuti.

11 Verbi modali

Complete the sentences with the correct present form of the verbs in brackets.

❶ Quest'anno io e Paolo (*volere*) _____ visitare la Francia.

❷ Scusi, (*noi – potere*) _____ lasciare le valigie alla reception?

❸ (*Loro – Dovere*) _____ tornare a casa alle sette di sera.

❹ (*Tu – Potere*) _____ prenotare l'albergo su internet? Al telefono non rispondono.

❺ Signor Paoletti, (*Lei – potere*) _____ aspettare un momento? La Sua camera non è ancora pronta.

❻ (*Noi – Volere*) _____ visitare il Colosseo: voi (*volere*) _____ venire con noi?

❼ Sara non (*volere*) _____ partire con i genitori, ma (*lei – dovere*) _____.

❽ (*Tu – Potere*) _____ dire a Pietro che (*io – volere*) _____ parlare con lui?

❾ Ragazzi, (*voi – dovere*) _____ studiare, l'esame è vicino! Non (*voi – potere*) _____ uscire quando (*voi – volere*) _____!

12 Lessico

Complete the table below with the names of the objects in the pictures, as in the example. Remember to add definite articles.

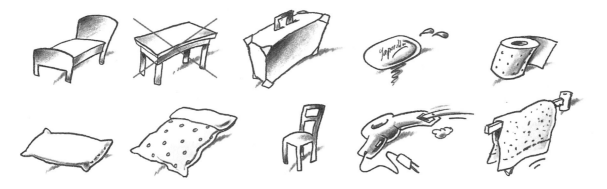

dormire	viaggiare	in bagno	scrivere
			il tavolo

13 Ascolto

Listen and decide whether the following sentences are true or false.

18 ((▶

	true	false
❶ Claudio e Serena vanno in vacanza a Vienna.	○	○
❷ Serena non ama l'idromassaggio.	○	○
❸ L'appartamento è in una posizione centrale.	○	○
❹ Claudio non ama guidare in vacanza.	○	○
❺ Il prezzo dell'appartamento non è più quello di prima.	○	○

14 Bene e male, buono e cattivo

Complete the sentences below with the words in the list.

(bene) (bene) (bene) (buona) (cattiva) (cattivo) (male) (male) (male)

❶ È una _____ stanza? Il letto è comodo? Ho veramente bisogno di dormire _____.

❷ A colazione mangiamo sempre _____ lì, i cornetti sono orribili e il caffè è _____.

❸ Mi sento _____, c'è un dottore in albergo?

❹ La doccia non funziona _____, non c'è l'acqua calda!

❺ Quell'albergo ha una _____ reputazione, non puliscono _____ le stanze e trattano _____ i clienti!

15 Combinazioni

*Match the part of the sentences and then complete them with **bene**, **buono/a/i/e**, **male** or **cattivo/a/i/e**, as in the example*

❶ⓒ Sandra cucina molto ___bene___,

❷○ Mario ha un'auto molto _____,

❸○ Voi parlate _____

❹○ Sara e Teo? Non stanno insieme,

❺○ Voi mangiate _____,

❻○ Dottore, in questo periodo

ⓐ sono solo _____ amici!

ⓑ dormo _____ e sono nervosa.

ⓒ devi provare i suoi spaghetti alla carbonara!

ⓓ avete _____ abitudini alimentari. Dovete andare da un nutrizionista.

ⓔ l'italiano?

ⓕ ma non sa guidare _____!

16 Dialogo scombinato

Here is a conversation between a receptionist and a client. Put the lines in the correct order, as in the example.

○ Dica, signora. Che problema ha?

① Reception, buonasera.

○ Buonasera. Sono Viola Muti, stanza 115. Ho un problema.

○ Benissimo. Buonanotte signora.

○ Mi dispiace, viene subito il tecnico.

○ Certamente. A che ora?

○ Non c'è acqua calda.

○ Grazie. Ancora una cosa: posso avere la colazione in camera domani?

○ Alle 8:30.

17 Combinazioni

Make up sentences, as in the example.

❶ⓒ È possibile

❷○ La camera

❸○ Quanto viene

❹○ Ho un problema:

❺○ Nella camera

ⓐ è tranquilla?

ⓑ il frigobar non funziona.

ⓒ avere un altro asciugamano?

ⓓ c'è la televisione?

ⓔ la camera doppia?

18 Preposizione *a* (semplice e articolata)
<u>Underline</u> the correct form.

❶ ■ **A / Alla** che ora comincia lo spettacolo?
  ▼ **A / Alla** mezzanotte.

❷ ■ Scusi, chiude adesso il museo?
  ▼ No, **a / al** mezzogiorno.

❸ ■ Il treno per Siena parte **a / alle** due?
  ▼ No, **alle / all'** una e dieci.

❹ La scuola comincia **alle / all'** otto.

❺ Il prossimo autobus parte **a / alle** sette e un quarto.

19 Preposizione *a* (semplice e articolata)
Complete the sentences with the correct form of the preposition a (a, all', alle).

❶ ■ _____ che ora arrivate?
  ▼ _____ dieci.

❷ La colazione è _____ sette e mezzo.

❸ Il bar dell'albergo chiude _____ mezzanotte.

❹ ■ Vuole il taxi _____ due?
  ▼ Preferisco _____ una e mezza, grazie.

❺ Lascio la stanza _____ mezzogiorno.

20 Preposizioni articolate
Complete the following sentences with compound prepositions.

1. _____ tempo libero a Silvio piace dormire a lungo, andare _____ opera e _____ cinema.
2. Senta, chiamo _____ camera 27. _____ bagno mancano gli asciugamani.
3. ■ A che ora parte il treno per Siena?
   ▼ _____ una e venti.
4. L'appartamento è situato vicino _____ spiaggia a pochi metri _____ mare.
5. La banca è aperta _____ 8:30 _____ 13:00.
6. ■ A che ora devo lasciare la stanza?
   ▼ _____ 10:00.

21 Preposizioni articolate
Write next to the following compound prepositions the simple preposition and its accompanying article, as in the example.

al = _a + il_   dello = _____   degli = _____   sui = _____

nelle = _____   nell' = _____   dalla = _____   alle = _____

22 Preposizioni articolate
Complete the sentences with the compound prepositions of the list.

al   dal   nel   nell'   nella   sul

1. _____ bagno manca un asciugamano.
2. _____ camera 36 non c'è la televisione.
3. Ci sono due camere _____ appartamento?
4. La casa è a pochi metri _____ mare.
5. Andiamo _____ ristorante?
6. Avete ancora una camera con vista _____ mare?

23 Preposizioni articolate
Complete the following sentences with the compound preposition which corresponds to the simple one in brackets, as in the example.

1. (*a*) ____Alla____ prima traversa gira a sinistra e lì _____ angolo c'è la pizzeria. È proprio accanto _____ cinema.
2. (*da*) Desidero prenotare una camera singola _____ otto al quindici giugno.
3. (*di*) Avete un depliant _____ albergo con i prezzi _____ camere?
4. (*in*) L'albergo è _____ zona pedonale.
5. (*a*) Deve scendere _____ terza o _____ quarta fermata.
6. (*di*) La sera faccio una passeggiata per le strade _____ centro e guardo le vetrine _____ negozi.
7. (*a*) La farmacia è di fronte _____ edicola, accanto _____ banca.

24 Lessico
Complete the table with the names of months and seasons, as in the example.

agosto | ~~gennaio~~ | aprile | autunno | estate | giugno | ~~inverno~~ | luglio | ~~febbraio~~

maggio | marzo | novembre | ottobre | ~~dicembre~~ | primavera | settembre

❶ gennaio	❷ febbraio	❸	❹
⓬ dicembre	inverno		❺
⓫			❻
❿	❾	❽	❼

25 Lessico
Match the words in the list below with the corresponding pictures.

aria condizionata
balcone
biciclette
frigorifero
lavastoviglie
lavatrice
letto singolo
letto a castello
letto matrimoniale
posto auto
televisione
terrazza

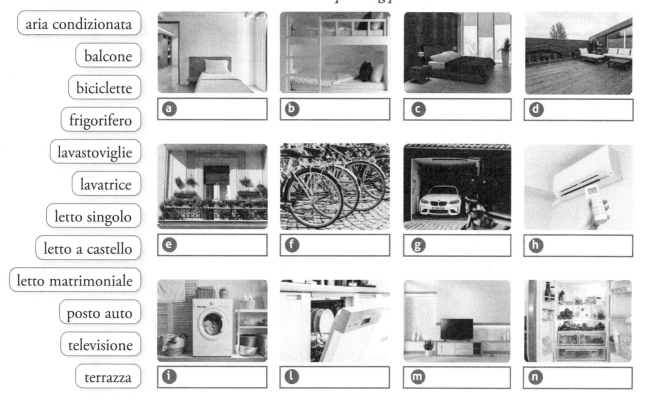

a | b | c | d

e | f | g | h

i | l | m | n

26 Pronuncia

19

a. *Listen and repeat the words focusing on pronunciation and spelling.*

bagno – anno   lasagne – panna   tovaglia – Italia
Sardegna – gennaio   bottiglie – mille   voglio – olio
montagna – Anna   famiglia – tranquilla   giugno – luglio

b. *Close the book, listen to the exercise again and write the words down.*

7 UN FINE SETTIMANA

1 Lessico

Complete the texts below with the words in the list.

> partecipanti · pensione · costa · partenze · degustazione · soste
>
> pacchetto · visite · guida · cena · biglietto

❶ Toscana: da Pisa a Livorno

due giorni in Vespa per scoprire la _____ e la campagna toscana – visita a due fattorie per _____ di cibo e vino locale – pernottamento in hotel 3 stelle

❷ Sicilia

crociere in barca a vela da venerdì pomeriggio a domenica pomeriggio – _____ da Palermo con minimo 4 _____ – a bordo skipper e cuoco – _____ per bagni e visite a paesi caratteristici

❸ Venezia

in albergo 2 stelle – il _____ per il fine settimana include: prima colazione e una cena (menù proposto dal nostro chef) – un _____ di 24 ore per visitare 4 musei a scelta – parcheggio privato gratuito

❹ Corvara

escursioni sulle Dolomiti con _____ alpina – livello di difficoltà medio – mezza _____ in albergo a gestione familiare – cucina tipica – possibilità di escursioni a cavallo

❺ Lombardia in bici

da Milano a Milano con soste e _____ guidate a Pavia e Parma – tappe giornaliere di circa 40 km su strade con poco traffico – sistemazione in ostello – _____ in trattoria

2 Lessico

Complete the conversation with the expressions in the list.

> è brutto · fa caldo · fa freddo · vento · piove

■ Qui a Roma oggi c'è un bel sole e _____.

▼ Invece qui a Trieste il tempo _____.

■ _____?

▼ No, ma c'è molto _____ e _____.

3 Passato prossimo

*Complete the tables with infinitive verbs or with **passato prossimo** forms.*
Remember that some verbs have an irregular past participle.

infinito	passato prossimo con AVERE
	ho guardato
passare	
	ho viaggiato
fare	
	ho avuto
credere	
	ho finito
preferire	

infinito	passato prossimo con ESSERE
	sono andato/a
stare	
	sono tornato/a
entrare	
	sono caduto/a
essere	
	sono salito/a
uscire	

4 Passato prossimo

Complete the following page taken from Maria's journal with the past participles of the verbs in brackets.

Il fine settimana scorso io e Giovanni siamo (*andare*) _____ a Siena.
Siamo (*partire*) _____ da Firenze in autobus e siamo (*arrivare*) _____
verso le 11:00.
Abbiamo (*fare*) _____ subito una passeggiata nelle strade del centro storico,
fino a Piazza del Campo.
Nel pomeriggio io sono (*andare*) _____ a vedere una mostra, ma Giovanni
ha (*preferire*) _____ incontrare un suo vecchio amico, Michele, che vive a Siena.
La sera siamo (*uscire*) _____ tutti e tre insieme per cenare in un ristorante
tipico molto buono.
Domenica non abbiamo (*avere*) _____ molto tempo per visitare la città
perché abbiamo (*dormire*) _____ fino a tardi. Dopo colazione abbiamo
(*visitare*) _____ due chiese e poi siamo (*tornare*) _____ a casa.
Siena mi è (*piacere*) _____ molto e spero di tornarci presto!

Maria

5 Passato prossimo

*Insert the following verbs in the correct column according to their **participio passato**, as in the examples.*

~~andare~~   dire   fare   tornare   mettere   arrivare   rimanere   avere

uscire   essere   ~~scrivere~~   prendere   dormire   leggere   venire   stare

passato prossimo	
verbi con participio passato regolare	verbi con participio passato irregolare
sono andato/a	ho scritto

6 Ascolto

a. *Listen and decide whether the following sentences are true or false.*

20 ((▶

	true	false
❶ Gloria ha visitato solo New York.	○	○
❷ Pietro ha visitato la Torre di Pisa.	○	○
❸ Pietro è andato in vacanza con la sua ragazza.	○	○
❹ In montagna ha fatto bel tempo.	○	○
❺ Sonia vive in Sardegna.	○	○
❻ Sonia e la famiglia hanno passato le vacanze all'estero.	○	○

b. *Listen again to the recording and complete the table.*

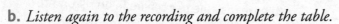

nome	destinazione	con chi	cosa
Gloria	New York, _____ e _____	con il suo _____	(*Loro*) _____ passato due settimane negli Stati Uniti.
Pietro	Trentino	con la sua _____	(*Loro*) Sono _____ in Trentino. Hanno _____ delle passeggiate.
Sonia	_____	con il marito e i suoi due figli	(*Loro*) _____ mangiato benissimo e _____ visitato città molto belle.

7 Frasi scombinate

Make up sentences putting the words in order.

❶ momento / un / non / ho / libero / avuto

❷ ieri / passato / Guglielmo / giornata / intensa / ha / una / molto

❸ hanno / in / ristorante / pranzato / un / tipico

❹ Serena / studiato / a / ha / Londra

❺ Andrea / teatro / stati / ieri / sono / non / al / Maria / e

❻ non / dormito / Giuliano / bene / ha

❼ cinema / ho / ieri / film / visto / interessante / un / al

❽ in / siamo / Portogallo / andati / luglio / a

❾ molto / è / mi / Venezia / piaciuta

❿ il / a / rimasto / Mario / giorno / è / casa / tutto

8 Passato prossimo

*Complete the forms of the **passato prossimo** choosing between the auxiliary verbs **avere** and **essere**.*

In tutta la sua vita Paolo _____ sempre viaggiato molto.

Ieri _____ partito per Firenze verso le 8:00 e _____ arrivato tre ore dopo. Prima _____ andato in albergo, poi _____ fatto un giro per la città: _____ visitato il Duomo, _____ fatto un po' di fotografie e _____ mangiato qualcosa in un bar. Il pomeriggio _____ tornato in albergo, da dove _____ telefonato a Giulio. _____ dormito un'oretta e poi _____ uscito di nuovo per andare a vedere altri monumenti. La sera _____ incontrato degli amici e _____ cenato con loro.

9 Passato prossimo

*Complete the forms of the **passato prossimo** with the correct auxiliary verb and with the correct ending of the past participle, as in the example.*

❶ Lucia ___ha___ pres_o_ un cappuccino e un caffè al bar.

❷ Sono andato alla mostra, ma non mi _____ piaciut__.

❸ Silvia e Francesca _____ lavorat__ in un pub a Londra per sei mesi.

❹ Ragazzi, _____ bevut__ voi tutto il latte?

❺ Chiara _____ stat__ in vacanza in Germania.

❻ Annalisa _____ comprat__ una borsa molto bella.

❼ Sara e Teresa _____ andat__ al cinema anche questa sera?

❽ Io e Carlo _____ fatt__ una pausa e _____ uscit__ a prendere un aperitivo.

10 Passato prossimo

Complete the test with the past participles of the verbs in brackets.

Ieri Flavia e Riccardo sono (*stare*) _____ a casa tutto il giorno. La mattina hanno (*dormire*) _____ a lungo, poi hanno (*ascoltare*) _____ un po' di musica, hanno (*leggere*) _____ un po' e a mezzogiorno hanno (*mangiare*) _____ un panino davanti alla TV. Il pomeriggio Flavia ha (*suonare*) _____ un po' il piano e Riccardo ha (*mettere*) _____ in ordine la casa. Verso le 6:00 sono (*uscire*) _____, hanno (*fare*) _____ un giro in città e poi verso le 7:30 sono (*tornare*) _____ a casa. La sera sono (*rimanere*) _____ a casa.

11 Trasformazione

*Rewrite the following text changing the verbs from **presente indicativo** to **passato prossimo**, as in the example.*

Laura parte per il lago di Garda con Rosa e Lucrezia, due sue amiche. Sono in un campeggio molto piccolo, ma carino. Che cosa fanno? La mattina vanno in spiaggia per fare il bagno e prendere il sole. A pranzo non cucinano, ma mangiano una pizzetta o un panino al bar.

Il pomeriggio Laura torna al mare mentre le sue amiche visitano i paesi vicini e fanno molte escursioni e fotografie.

La sera preparano qualcosa da mangiare insieme, dopo cena Rosa e Lucrezia vanno a dormire e invece Laura va in discoteca.

Laura è partita per il lago di Garda con Rosa e Lucrezia, due sue amiche...

12 Passato prossimo

*Complete the following sentences with the correct form of the **passato prossimo** of the verbs in brackets.*

❶ Una mia amica (*fare*) _____ un corso di giapponese a Tokyo.

❷ Dopo cena Luigi e Marta (*tornare*) _____ a casa.

❸ Ieri Anita (*scrivere*) _____ molte e-mail.

❹ Ieri Giovanna (*andare*) _____ al lavoro in bicicletta.

❺ Valentina (*lavorare*) _____ come operaia per cinque anni.

❻ Ieri (*io – dormire*) _____ molto male.

❼ L'estate scorsa (*noi – stare*) _____ al mare.

❽ Teresa, quando (*tu – essere*) _____ negli Stati Uniti?

❾ (*Tu – Dire*) _____ a Mirella che Valentino (*partire*) _____?

❿ ■ Francesca, perché non (*tu – venire*) _____ alla mia festa?
   ▼ Perché ieri (*io – avere*) _____ un'emicrania terribile.

13 Passato prossimo

*Complete the following e-mail with the correct form of the **passato prossimo** of the verbs in brackets.*

Ciao Daniela,
come stai?
Ti scrivo da Capri! (*Io – Venire*) _____ a trovare Carlo per un fine settimana,
ma alla fine (*io – rimanere*) _____ per una settimana intera. Capri è veramente bella
e Carlo è sempre molto ospitale: (*lui – comprare*) _____ una casa un po' fuori
del paese, molto grande e con un bel giardino. La sera non (*noi – uscire*) _____
quasi mai perché Carlo (*organizzare*) _____ molte cene a casa sua per farmi
conoscere i suoi amici di Capri.
(*Noi – Cenare*) _____ sempre insieme e (*noi – bere*) _____ un ottimo
limoncello che Carlo prepara con i limoni del suo giardino!
Ieri io e Carlo (*fare*) _____ una passeggiata sul Monte Solaro:
(*essere*) _____ un'escursione faticosa, ma alla fine (*noi – arrivare*) _____
a una bellissima chiesa, Santa Maria a Cetrella, da dove c'è una vista bellissima.
(*Noi – Visitare*) _____ la chiesa e (*noi – essere*) _____ fortunati,
perché normalmente è aperta solo il sabato.
Dopo, per rilassarci, (*noi – tornare*) _____ al mare e (*noi – fare*) _____
un bel bagno. (*Essere*) _____ dei giorni bellissimi, una vera vacanza!
Torno domani a Milano e spero di vederti presto.
Un bacio, Teresa

P.S. Qui in vacanza (*io – leggere*) _____ l'ultimo libro di Nicola Lagioia.
   Te lo consiglio, è molto bello.

14 Espressioni di tempo

*Put the time expressions in the correct order, from **un anno fa** to the most recent.*

○ cinque settimane fa
① un anno fa
○ due mesi fa
○ tre settimane fa
○ l'altro ieri
○ un mese fa
○ venerdì scorso
○ stamattina

15 Espressioni di tempo

<u>Underline</u> the correct option.

❶ ■ Hai **già / ancora / scorso** comprato il regalo per Gianfranco?

▼ No, non ho **fa / appena / ancora** deciso…

❷ ■ Avete **già / ancora / scorsa** fatto colazione?

▼ Sì, abbiamo **fa / appena / ancora** preso un cappuccino e un cornetto al bar.

❸ Due anni **ancora / appena / fa** siamo andati in vacanza al mare,

l'anno **fa / scorso / appena** siamo andati in montagna…

Quest'anno andiamo in campagna?

❹ Il viaggio è stato molto veloce: siamo partiti due ore **già / ancora / fa**

e siamo **scorsa / fa / già** arrivati!

❺ Mi ha detto come si chiama solo pochi minuti **già / fa / appena**,

ma ho **ancora / già / scorso** dimenticato il suo nome.

❻ La settimana **scorsa / fa / appena** Sebastiano mi ha dato questo libro,

ma **già / appena / ancora** non ho letto una pagina…

16 Avverbi di tempo

*Match questions and answers. Then complete the answers with **ancora**, **appena** or **già**.*
In one sentence there are two possible solutions.

1 ○ Vuoi venire a vedere il film di Benigni?

2 ○ La mostra su Michelangelo è interessante?

3 ○ Hai parlato con mamma?

4 ○ Allora ci vediamo stasera?

5 ○ Tutto a posto per il nostro viaggio a Capri?

a No, purtroppo non ho _____ finito la relazione per domani.

b Sì, sì, ho _____ comprato i biglietti del traghetto su internet.

c No, l'ho _____ visto. Grazie.

d Non lo so, non sono _____ andata a vederla.

e No, non _____, sono _____ tornato a casa.

17 Ci vuole / Ci vogliono

*Complete with **ci vuole** or **ci vogliono**.*

1 ■ Quanto _____ per arrivare a Sperlonga?

▼ _____ circa un'ora.

2 Per arrivare in Italia _____ circa dieci ore di aereo.

3 Per diventare dottore _____ molti anni di studio.

4 Per visitare Roma con calma _____ un paio di settimane.

5 ■ Quanti anni _____ per finire il master?

▼ _____ solo un anno.

18 Ci vuole / Ci vogliono

*Complete with **ci vuole** or **ci vogliono**.*

1 Quante ore _____ per arrivare a Firenze?

2 _____ molto per cucinare la pasta? Ho fame!

3 Per comprare quell'appartamento _____ molti soldi.

4 Per arrivare a Brindisi _____ ancora un'ora e mezzo.

5 Per imparare bene una lingua _____ almeno due anni di studio.

1 Presente indicativo

_____ /14

Complete the text with the present form of the verbs in brackets.

Nel fine settimana Luisa e Mario (*andare*) _____ spesso in campagna: (*volere*) _____ rilassarsi e stare nella natura.

(*Avere*) _____ una piccola casa vicino a Firenze, in un paese che si chiama Vinci. Generalmente il venerdì (*finire*) _____ di lavorare verso le 5:00 di pomeriggio e (*partire*) _____ subito. Durante il sabato e la domenica (*dormire*) _____ e (*mangiare*) _____ molto. Mario (*restare*) _____ a casa, (*leggere*) _____ e (*preparare*) _____ piatti deliziosi.

Luisa invece (*essere*) _____ più attiva. Il sabato generalmente (*fare*) _____ lunghe passeggiate e la domenica (*lavorare*) _____ in giardino. Purtroppo la domenica sera (*loro – dovere*) _____ già tornare in città.

2 Aggettivi

_____ /10

Read the text and <u>underline</u> the correct adjectives.

FIRENZE – PIAZZA DELLA SIGNORIA

Questa **magnifiche / magnifica** piazza è il cuore **politico / politiche** della città. La piazza ha una **strano / strana** forma a "L". Il suo nome deriva dal **principale / principali** monumento nella piazza: il Palazzo della Signoria (o Palazzo Vecchio), del 1300. Questa **elegante / elaganti** piazza è anche un **grande / grandi** museo all'aria aperta: nella Loggia dei Lanzi si trovano quindici statue **antica / antiche**. Davanti al palazzo si trovano una copia della **famoso / famosa** statua **rinascimentale / rinascimentali** del David di Michelangelo e anche una **granda / grande** fontana.

3 C'è / ci sono

_____ /6

*Complete the text with **c'è** or **ci sono**.*

LA CITTÀ DI MARZAMEMI

Sulla costa orientale della Sicilia _____ un piccolo paese che si chiama Marzamemi. Nella piazza centrale _____ due chiese dedicate a San Francesco e _____ anche il Palazzo di Villadorata, costruito nel 1752. In estate a Marzamemi _____ molti turisti che vengono qui per passare una vacanza tranquilla in un posto antico. Vicino al porto _____ alcuni ristoranti molto buoni e la sera nella strada principale _____ sempre molta gente che fa una passeggiata o beve qualcosa in un bar.

4 Preposizioni ___/16

Read the following e-mail and <u>underline</u> the correct preposition.

Cara Carla,
sono **a / in** Londra. Sono arrivata 15 giorni fa e resto qui **tra / per** altre tre settimane.
Finalmente sono **in / nella** vacanza! Abito **per / in** un piccolo appartamento vicino **a / di** Leicester Square.
In / Nell'appartamento abitano anche una ragazza turca e due ragazze francesi, due sorelle. Da due giorni
c'è la cugina **delle / dei** ragazze francesi. Non c'è posto per lei, e così dorme **sul / sull'** divano
nel / dal salotto. Io passo la maggior parte **dal / del** tempo fuori casa: **nei / nel** musei, **allo / al** parco,
in / nell' piscina o **a / alla** casa di amici. E tu come stai? Come va la vita **sulla / nella** tua nuova casa?
A / Ai presto! Susy

5 L'ora e gli orari ___/12

Complete the following sentences with the missing words.

❶ (10:30) Sono le dieci e _____.

❷ (12:00) ■ Che ore sono?
   ● _____ mezzogiorno.

❸ (15:20) Sono le quindici e _____.

❹ (12:00) Ci vediamo _____ mezzogiorno.

❺ (9:00 / 13:00) Lavoro _____ nove _____ una.

❻ (10:50) Sono _____ undici _____ dieci.

❼ (17:25) Il treno arriva _____ cinque _____ venticinque.

❽ (23:45) Il concerto finisce _____ mezzanotte meno un _____.

6 Passato prossimo ___/42

*Complete the following conversations with the **passato prossimo** form of the verbs in brackets. The auxiliary and the past participle are each worth a point.*

❶ ■ Paolo, cosa (*tu – fare*) _____ nel fine settimana?
   ● Niente di speciale: (*stare*) _____ a casa, (*cucinare*) _____ e poi la sera (*venire*) _____ Maria e (*noi – cenare*) _____ insieme.

❷ Quest'estate Giovanni e Laura (*andare*) _____ in vacanza in Sicilia. (*Loro – Essere*) _____ a Taormina e a Siracusa. (*Loro – Visitare*) _____ molti monumenti e chiese e poi (*passare*) _____ qualche giorno al mare.

❸ ■ Marta, (*tu – leggere*) _____ l'ultimo libro di Niccolò Ammaniti?
   ● Sì, mi (*piacere*) _____ molto.

❹ ■ Ragazzi, (*voi – scrivere*) _____ al professore?
   ● Ieri non (*noi – avere*) _____ tempo, (*studiare*) _____ molto.

❺ ■ (*Voi – Vedere*) _____ Veronica e Stefano ieri?
   ● No, (*loro – partire*) _____ per Londra, tornano la prossima settimana.

❻ ■ Teresa, quanto tempo (*tu – rimanere*) _____ a Ischia?
   ● Cinque giorni, (*essere*) _____ una vacanza bellissima.

❼ ■ Cinzia, come (*andare*) _____ a Palermo?
   ● (*Io – Prendere*) _____ l'aereo.

❽ ■ Dove (*tu – mettere*) _____ la guida di Berlino?
   ● È in cucina.

VITA QUOTIDIANA

1 Preposizioni

Underline the correct preposition.

1 Sono a Milano **dai / dal / da** 10 **al / allo / a** 13 marzo.

2 La banca è aperta **dal / dalle / da** otto e un quarto **all' / a / alle** una e mezzo.

3 La festa di Luca è **a / alle / al** sette **da / del / di** sera.

4 **Del / Da / Di** lunedì **ai / da / a** venerdì sono fuori ufficio per un viaggio di lavoro.

5 **A / Al / Alle** che ora cominci **a / di / da** lavorare?

6 Finisco **da / a / di** lavorare **alle / alla / al** sei.

7 Il treno da Milano arriva **al / a / alle** mezzogiorno e dieci.

2 Preposizioni _a, da_ e _di_ (semplici e articolate)

Complete the sentences with the prepositions **a**, **da**, **di** with or without article, as in the example.

1 Comincio __a__ lavorare __alle__ otto e mezza.

2 Lavoro _____ sei _____ sera _____ mezzanotte.

3 _____ che ora finisci _____ lavorare?

4 Vado a Milano _____ domani fino _____ domenica.

5 _____ che ora _____ che ora lavorate?

6 Finisco _____ lavorare _____ una e mezza.

7 Lavoro _____ lunedì _____ venerdì.

8 Sono in vacanza _____ ventisei giugno _____ otto luglio.

3 Preposizioni _a, da, in_ (semplici e articolate)

Complete the conversation with the prepositions in the list.

| a | a | a | alle | dalle | dalle | di | di | in | in | in | in | in |

▼ E tu dove lavori?

■ _____ un negozio _____ dischi. Sono commessa.

▼ Quindi hai un orario _____ lavoro regolare.

■ Sì, _____ nove _____ mezzogiorno e mezza e poi _____ tre e mezza _____ otto.

▼ E durante la pausa che fai, torni _____ casa?

■ Raramente. Di solito mangio un panino o pranzo _____ un self-service.

▼ Ah, ho capito. E poi cosa fai?

■ _____ volte vado _____ piscina, _____ palestra...

▼ Ah, che brava!

■ ... O faccio semplicemente due passi _____ città.

4 Cominciare e finire

Make up questions, as in the example.

1 ⓔ Quand'è   **ⓐ** di studiare?

2 ○ A che ora finisci   **ⓑ** a lavorare?

3 ○ Da che ora a che ora   **ⓒ** il tuo compleanno?

4 ○ Quando cominci   **ⓓ** ti addormenti?

5 ○ A che ora   **ⓔ** è aperta la banca?

5 Testo scomposto

This is Giacomo's morning routine. Put the sentences in order.

ⓐ ○ l'autobus perché i corsi iniziano   **ⓖ** ○ alle otto esatte. Ho cinque ore di lezione,

ⓑ ○ a casa, mangio e   **ⓗ** ○ mi riposo un po'.

ⓒ ① Alle sette mi sveglio, ma   **ⓘ** ○ non mi alzo mai prima

ⓓ ○ delle sette e mezza. Poi vado   **ⓛ** ○ in bagno, mi lavo, mi vesto e poi

ⓔ ○ faccio una bella colazione con   **ⓜ** ○ pane, burro e marmellata.

ⓕ ○ Alle otto meno un quarto parto con   **ⓝ** ○ fino all'una, poi torno

6 Verbi riflessivi

Complete the sentences with the correct present form of the verbs in brackets.

1 Ma a che ora (*tu – svegliarsi*) _____ di solito?

2 Alle feste (*noi – divertirsi*) _____ sempre molto.

3 Il sabato non (*io – svegliarsi*) _____ presto!

4 Anche Tommaso il sabato di solito (*alzarsi*) _____ tardi.

5 A che ora (*noi – vedersi*) _____?

6 La sera (*io – addormentarsi*) _____ sempre presto.

7 Ascolto   21 ((▶

Listen to the recording and <u>underline</u> the correct option.

1 Giorgio è **in ufficio** / **a casa**.

2 Di solito Giorgio **va a lavoro di pomeriggio** / **si sveglia presto**.

3 Marta la sera prima è **andata a una festa** / **ha lavorato a casa**.

4 Sabato Marta e Giorgio **fanno un lungo viaggio in aereo** / **partono per una gita in macchina**.

5 Giorgio il sabato di solito si sveglia **presto** / **tardi**.

8 Trasformazione

Rewrite the sentences changing the subject, as in the example.

Esempio: Io mi alzo alle otto.   Tu _ti alzi_ alle otto.

Lei _si alza_ alle otto.   Noi _ci alziamo_ alle otto.

❶ Lucia si fa la doccia.
Io _____ la doccia.
Noi _____ la doccia.
Loro _____ doccia.

❷ Io mi vesto con calma.
Lei _____ con calma.
Loro _____ con calma.
Voi _____ con calma.

❸ Tu ti diverti in Italia?
Loro _____ in Italia?
Voi _____ in Italia?
Lui _____ in Italia?

❹ Noi ci stanchiamo al lavoro.
Loro _____ al lavoro.
Tu _____ al lavoro.
Voi _____ al lavoro.

❺ Marco e Lea si vedono alle cinque.
Voi _____ alle cinque.
Lea e Giulia _____ alle cinque.
Noi _____ alle cinque.

❻ Voi vi rilassate nel fine settimana.
Lei _____ nel fine settimana.
Tu _____ nel fine settimana.
Io _____ nel fine settimana.

9 Verbi riflessivi

*This is Giovanni's daily routine. Complete the text conjugating the verbs in the list in the first singular person of the **presente indicativo**. The verbs are not in the correct order.*

| alzarsi | andare | avere | cominciare | essere | essere | lavorare | riposarsi | tornare |

Io _____ panettiere. La mattina _____ presto perché
_____ a lavorare alle quattro. Di solito _____ fino
all'una. Dopo il lavoro _____ a casa e _____ un po'.
Il pomeriggio _____ libero e _____ tempo per la
famiglia. La sera _____ a letto presto.

10 Verbi riflessivi

*Write a text in the first person singular. If you wish you can also use **prima, poi, di solito, a volte, sempre, spesso**, etc.*

7:00   svegliarsi
7:10   alzarsi, lavarsi e vestirsi
7:30   fare colazione
8:00   uscire di casa e andare al lavoro
       (in banca)
8:30   cominciare a lavorare

13:00   fare una pausa per il pranzo
17:00   finire di lavorare e tornare a casa
17:30   riposarsi un po'
20:00   cenare, guardare la televisione
        o leggere
23:00   andare a letto

11 Presente e passato prossimo

*Complete the text below with the verbs in the list. Use the **presente** and the **passato prossimo** where necessary. The verbs are not in the correct order.*

alzarsi | andare | andare | andare | cominciare | dormire | essere | farsi | fare
fare | fare | finire | lavorare | mettersi | passare | pranzare | prendere | tornare

Pierluigi _____ come impiegato. Di solito la mattina _____ presto, verso le sei e mezza, _____ le scarpe da ginnastica e _____ a fare un po' di jogging. Quando _____ a casa _____ la doccia e poi _____ al lavoro. Verso l'una _____ una pausa per il pranzo, alle due _____ nuovamente a lavorare e non _____ mai prima delle sette. Così la sera _____ sempre molto stanco e, dopo una cena molto veloce, _____ subito a dormire.
Ma ci sono giornate particolari. Ieri, per esempio, Pierluigi _____ fino alle dieci. Non _____ sport, non _____ la macchina, _____ una passeggiata con Valentina, _____ con lei e _____ tutto il pomeriggio a casa davanti alla TV.

12 Trasformazione

Rewrite the sentences using the modal verbs in brackets, as in the example.

Esempio:
Ti lavi con l'acqua fredda.
(*dovere*) Devi lavarti con l'acqua fredda.
Ti devi lavare con l'acqua fredda.

❶ Mi faccio la doccia in 10 minuti.
(*potere*) _____

❷ Non si alzano presto.
(*volere*) _____

❸ Si prepara velocemente.
(*dovere*) _____

❹ Ci rilassiamo nel fine settimana.
(*volere*) _____

❺ Ci vediamo alle 6:00.
(*potere*) _____

❻ Ti infili le scarpe da ginnastica.
(*dovere*) _____

❼ Vi divertite in palestra.
(*volere*) _____

❽ Non si abituano al traffico.
(*potere*) _____

❾ Mi riposo domenica.
(*potere*) _____

❿ Vi svegliate alle 5:00.
(*dovere*) _____

13 Trasformazione

Rewrite the text using the third person singular of the present tense.

Mi diverto molto e poi ho tanto tempo libero e la mattina posso svegliarmi con calma e restare un po' a letto a leggere. In genere mi alzo verso le 9:30, faccio una bella colazione e pulisco un po' la casa. Poi mi preparo ed esco per fare la spesa.

> Si diverte molto...

14 Trasformazione

Rewrite the text using the first singular person of the present tense.

Anna lavora tanto. Deve alzarsi alle 6:00 di mattina, si lava e si veste in fretta, beve un caffè e alle 7:00 è già sulla metropolitana. Non torna a casa mai prima delle 8:00 di sera. Si stanca molto al lavoro, ma è molto soddisfatta.

> Io lavoro tanto...

15 Verbi servili e verbi riflessivi

Rewrite the sentences by placing the pronoun before or after the verb, as in the example.

❶ Domani – (*tu*) dovere – svegliarsi – presto?

    Domani ti devi svegliare presto? / *Domani devi svegliarti presto?*

❷ Quando – (*noi*) potere – vedersi?

    _____ / _____

❸ Non – (*io*) volere – trasferirsi – all'estero.

    _____ / _____

❹ In questa vacanza – Serena volere – soltanto – rilassarsi.

    _____ / _____

❺ Chiara e Lucio volere – sposarsi – a maggio.

    _____ / _____

❻ Non – (*voi*) potere – sempre – divertirsi.

    _____ / _____

❼ (*Tu*) Dovere – prepararsi – in fretta.

    _____ / _____

❽ Giorgio dovere – ancora – abituarsi – al clima di Berlino.

    _____ / _____

16 Auguri

Complete the sentences with the correct greeting, as in the example.

1 ⓔ Hai trovato finalmente lavoro?

2 ◯ Be', allora dobbiamo brindare.

3 ◯ Partite stasera? Allora

4 ◯ Domani hai l'ultimo esame?

5 ◯ Allora siamo tutti? Possiamo iniziare a mangiare:

6 ◯ Grazie del caffè: vai anche tu in ufficio? Allora

ⓐ In bocca al lupo!

ⓑ buon appetito!

ⓒ Congratulazioni!

ⓓ buon viaggio!

ⓔ Cin cin!

ⓕ buon lavoro.

17 Lessico

Complete the expressions, as in the example.

Tanti	bocca al lupo!
Buon	Natale!
Buona	anno!
Buone	divertimento!
In	appetito!
	auguri!
	vacanze!
	viaggio!
	giornata!
	giorno!
	compleanno!
	lavoro!

Buona giornata!

_____
_____
_____
_____
_____
_____
_____
_____
_____
_____

18 Lessico

What do you say on these occasions?

1 Una persona compie gli anni. _____

2 Una persona parte per le vacanze. _____

3 A Natale. _____

4 A Capodanno. _____

5 A Pasqua. _____

19 Aggettivi possessivi

Write the correct article and possessive adjective, as in the example.

① Questa è (*tu*) ___la___ ___tua___ bicicletta?
② Questo è (*io*) _____ _____ amico di Napoli.
③ (*Voi*) _____ _____ insegnante si chiama Alice?
④ Dove hai conosciuto (*tu*) _____ _____ amici francesi?
⑤ Perché non vuoi prendere (*lei*) _____ _____ macchina?
⑥ (*Io*) _____ _____ genitori sono in vacanza in Sardegna.
⑦ Sara è simpatica, ma (*lei*) _____ _____ fidanzato non mi piace.

20 Aggettivi possessivi

Change the singular into the plural, as in the example.

① Il mio cappello è nuovo. I miei cappelli sono nuovi.
② La tua casa è grande. _____
③ Il tuo cane è nero. _____
④ La tua amica è inglese. _____
⑤ Il tuo appartamento è piccolo. _____
⑥ La mia macchina è veloce. _____
⑦ La mia chitarra è nuova. _____
⑧ La tua valigia è pesante. _____

21 Aggettivi possessivi

Complete each sentence with a definite article and a possessive adjective, as in the example.

Esempio:
Le tue valigie sono pesanti.

① ____ mi____ amiche sono simpatiche.
② ____ tu____ vestiti sono eleganti.
③ ____ tu____ medicine sono sul tavolo.
④ ____ mi____ bicicletta è rossa.
⑤ ____ mi____ colleghi sono simpatici.
⑥ ____ tu____ amico parla italiano?
⑦ ____ mi____ famiglia vive in Francia.
⑧ ____ tu____ macchina è vecchia.
⑨ ____ tu____ piante sono molto belle.
⑩ ____ mi____ professore si chiama Carlo.

22 Aggettivi possessivi

Complete each sentence with the appropriate possessive adjective. More than one solution is possible.

❶ Passo sempre il Natale con la _____ famiglia.

❷ Torno nel _____ paese a Pasqua per vedere i _____ fratelli.

❸ Vai al cinema con le _____ amiche domenica?

❹ Tu devi passare più tempo con i _____ figli.

❺ Invito spesso a cena i _____ amici.

❻ Io e le _____ figlie la domenica pranziamo sempre con i _____ genitori.

❼ Che regalo vuoi per il _____ compleanno?

❽ Hai invitato i _____ colleghi al _____ matrimonio?

❾ Per San Valentino andiamo a cena nel _____ ristorante preferito.

❿ Voglio presentarti la _____ fidanzata.

23 Pronuncia

22 (◀

a *Do you hear t or tt?*

	1	2	3	4	5	6
t	○	○	○	○	○	○
tt	○	○	○	○	○	○

b *Do you hear p or pp?*

	1	2	3	4	5	6
p	○	○	○	○	○	○
pp	○	○	○	○	○	○

c *Do you hear m or mm?*

	1	2	3	4	5	6
m	○	○	○	○	○	○
mm	○	○	○	○	○	○

d *Do you hear n or nn?*

	1	2	3	4	5	6
n	○	○	○	○	○	○
nn	○	○	○	○	○	○

e *Listen to all the words again and write them.*

LA FAMIGLIA

1 Lessico

Look at the family tree then complete the following text with the names of the relationships.
Put together the letters in the gray boxes and you will find the answer to the final question.

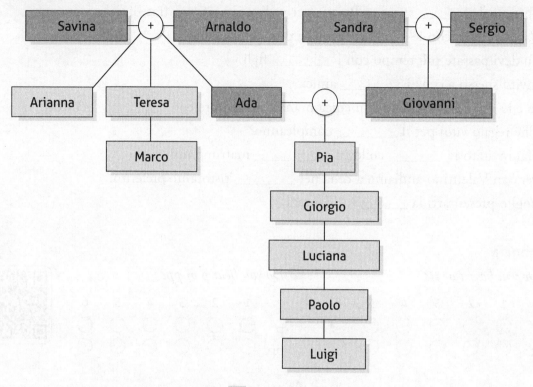

Arianna, Teresa e Ada sono le __ __ ▨ __ __ __ di Savina.

Giovanni è il __ __ __ __ __ __ di Ada e Ada è la __ __ __ __ __ ▨ di Giovanni.

Pia e Giorgio sono i ▨ __ __ __ __ __ di Sandra e i __ __ __ __ ▨ __ __ __ di Paolo.

Ada e Giovanni sono i __ __ __ __ __ __ ▨ __ di Luigi. Arianna e Teresa le __ __ __,

Savina e Arnaldo i __ ▨ __ __ __ e Marco il __ __ __ __ __ __.

E cos'è Giovanni per Arnaldo?

Soluzione: È il ▨▨▨▨▨▨▨.

2 Lessico

Match each word with its meaning.

1 ○ il padre di tuo padre   **a** tuo cognato

2 ○ il figlio di tuo zio   **b** tua zia

3 ○ la sorella di tua madre   **c** tua nipote

4 ○ il marito di tua sorella   **d** tuo nonno

5 ○ la figlia di tuo figlio   **e** tuo nipote

6 ○ il figlio di tuo fratello   **f** tuo cugino

3 Ascolto

23 ((►

a. *Listen and decide whether the following sentences are true or false.*

	true	false
❶ Serena vive a Siena con la sorella.	○	○
❷ Monica e Serena hanno un'altra sorella.	○	○
❸ Monica non è sposata.	○	○
❹ Monica e Claudio vivono in campagna.	○	○
❺ Monica va al lavoro con Claudio.	○	○
❻ Monica e Claudio sono andati al cinema con i bambini.	○	○

b. *Listen again to the recording and complete the sentences with the words in the list.*

(nonni) (sorella) (fratello) (cognato) (zia) (marito) (nipoti)

❶ Dario e Vanessa sono i _____ di Serena.

❷ Serena è la _____ di Dario e Vanessa.

❸ Claudio è il _____ di Monica e il _____ di Serena.

❹ Dario è il _____ di Vanessa.

❺ I genitori di Serena e Monica sono i _____ di Dario e Vanessa.

❻ Vanessa è la _____ di Dario.

4 Dialogo scombinato

Put the lines of the conversation into the correct order, as in the example.

○ Più grandi o più piccoli di te?

○ Sì, e tu?

○ Ah. E vivono da soli o con i tuoi?

○ E hai fratelli?

① Vivi da solo?

○ Io invece ho un fratello e una sorella.

○ Mia sorella è più grande e mio fratello più piccolo.

○ Anch'io. I miei vivono a Lucca.

○ No, sono figlia unica. E tu?

○ Mio fratello vive da solo, mia sorella, invece, vive ancora con i miei.

5 Possessivi

Match the possessive adjectives with the nouns, as in the example.

1 ⓒ i miei
2 ◯ mio
3 ◯ la mia
4 ◯ vostra
5 ◯ il tuo
6 ◯ le loro

ⓐ ragazza
ⓑ madre
ⓒ amici
ⓓ cane
ⓔ nonno
ⓕ zie

6 Aggettivi possessivi

Complete the following sentences with the last letter of possessive adjectives and add the articles, if necessary.

1 _____ nostr_____ amici vanno al mare.

2 Tu_____ sorella vive ancora a Londra?

3 Se vuoi ti regalo _____ mi_____ bicicletta: io non la uso più.

4 _____ tuo_____ occhiali sono sul tavolo, li vedi?

5 Quando arrivano _____ vostr_____ genitori?

6 No, Gianni non è su_____ marito, è _____ su_____ compagno.

7 Venite, vi faccio vedere _____ vostr_____ stanza.

8 _____ mie_____ zii si sono trasferiti in campagna.

9 Sei sicura che questa è _____ su_____ macchina?

7 Aggettivi possessivi

Complete the table changing the word chunks from singular to plural and vice versa, as in the example.

singolare	plurale
la mia amica	le mie amiche
la nostra vacanza	
suo zio	
	i loro alberghi preferiti
la vostra scuola	
il nostro insegnante	
	i miei compagni di corso
	le tue vacanze
sua sorella	
	le vostre colleghe
il loro problema	

8 Aggettivi possessivi
Complete the following sentences with the possessive adjectives and add the articles, if necessary.

1 Al ristorante ho incontrato Mara e Silvano con (*loro*) _____ figlia Eugenia.

2 Ma scusate, (*voi*) _____ padre lo sa che non siete a casa?

3 Ti presento (*io*) _____ sorelle, Claudia e Ludovica.

4 In famiglia siamo tre: io, (*io*) _____ moglie e (*io*) _____ figlio Lucio.
Ah, poi c'è anche Snoopy, (*noi*) _____ cane!

5 (*Io*) _____ nonna chiede sempre la stessa cosa:
"Quando mi presenti (*tu*) _____ fidanzata?"

6 In questa foto ci sei tu con tutti (*tu*) _____ compagni di scuola!

9 Combinazioni
Make sentences, as in the example. More than one solution is possible.

1 ○c Carla è la mia
2 ○ Sandra e Lucia sono le mie
3 ○ Questo è il tuo
4 ○ Ma quella non è tua
5 ○ Conosci già le mie
6 ○ Ma questi nella foto sono i tuoi
7 ○ Gaia, non puoi uscire ogni sera con i tuoi
8 ○ Silvano è il loro
9 ○ Sei fortunata, tu hai ancora tutti i tuoi
10 ○ Domani arriva mia

a cugine preferite.
b madre?
c migliore amica.
d genitori?
e fidanzato?
f cugino.
g sorelle?
h amici.
i cognata.
l nonni.

10 Aggettivi possessivi
Complete the text with the possessive adjectives and, where necessary, with the definite articles.

Mi chiamo Matteo, ho 19 anni. _____ madre ha 43 anni e lavora part-time nella libreria di _____ sorella (_____ zia). _____ padre, invece, è impiegato presso una ditta di computer. Sono figlio unico, però questo per me non è mai stato un problema, forse perché ho sempre avuto la possibilità di giocare con _____ cugini. _____ madre e _____ sorelle sono sempre state molto legate, così io e _____ cugini siamo praticamente cresciuti insieme.

11 Aggettivi possessivi

Complete the text with the possessive adjectives and, where necessary, with the definite articles.

> La famiglia di Paolo è grande: ha due fratelli e due sorelle. _____ fratelli Giorgio e Luigi sono medici; _____ sorella Agata e _____ marito vivono in campagna con _____ figlia; l'altra sorella, Luciana, insegna in Germania dove abita con _____ famiglia. Paolo ha due figli. _____ figlio Giacomo si è laureato da poco in Fisica, mentre _____ figlia Serena studia Architettura. Lui è farmacista e _____ moglie è avvocata. I genitori di Paolo vivono in una piccola città in Sicilia, dove si sono trasferiti dopo la pensione. _____ padre si chiama Fausto, _____ madre Amalia.

12 Combinazioni

Form sentences matching the words and phrases in the three columns.

1. Luca e Daniele — ci siamo incontrati in — in ingegneria due settimane fa.
2. Mia sorella — vi siete alzati — treno per caso!
3. Roberto — si sono trasferiti — perché sua sorella gli ha preso la macchina.
4. Voi — si è sposata con — presto questa mattina.
5. Io e Claudio — mi sono laureata — un mio ex compagno di classe.
6. Io — si è arrabbiato — in campagna.

13 Passato prossimo

Complete the sentences with the correct form of the passato prossimo of the verbs in brackets.

1. Dario non (*riuscire*) _____ a finire gli studi.
2. Mio nonno (*dedicarsi*) _____ per molti anni al giardinaggio.
3. È stata veramente una splendida vacanza: ho letto, ho nuotato, ho preso il sole, insomma, (*io – riposarsi*) _____!
4. Stamattina Patrizia (*prendere*) _____ la macchina perché (*alzarsi*) _____ tardi e (*perdere*) _____ il treno.
5. Rosa e Alfredo (*andare*) _____ a teatro insieme sabato sera.
6. Tu e Giacomo (*sposarsi*) _____ in chiesa?
7. Senta, Le do il mio nuovo indirizzo perché (*io – cambiare*) _____ casa.
8. Scusa, e tu (*arrabbiarsi*) _____ con Sandra solo perché è arrivata un po' in ritardo?
9. Gloria (*laurearsi*) _____ l'anno scorso in matematica.
10. Ieri non (*io – sentirsi*) _____ bene, ho avuto un forte mal di testa.
11. Giulia e Giovanna (*divertirsi*) _____ tantissimo alla festa di Andrea.
12. Carla e Pietro (*incontrarsi*) _____ in Piazza Verdi e poi sono andati al cinema.

14 Passato prossimo

*Complete the sentences with the correct form of the **passato prossimo** of the verbs in brackets.*

❶ Andrea e Sofia (*trasferirsi*) _____ negli Stati Uniti tre anni fa.

❷ Tu e Pietro quando (*sposarsi*) _____?

❸ Ieri, durante il concerto, Sara non (*sentirsi*) _____ bene ed è uscita prima.

❹ (*Io – Mettersi*) _____ a lavorare subito dopo la laurea.

❺ Carla (*arrabbiarsi*) _____ con noi.

❻ Io e tua madre (*incontrarsi*) _____ al matrimonio di un'amica comune.

❼ Siamo andati al compleanno di Marina e (*divertirsi*) _____ molto.

❽ Sonia e Manuela (*laurearsi*) _____ a Firenze.

15 Trasformazione

*Rewrite the following text in the third person singular changing the tense from the **presente indicativo** to the **passato prossimo**.*

Il sabato mi sveglio tardi (mi alzo verso le 11:00), mi metto le scarpe da ginnastica e vado a correre per circa trenta minuti. Torno a casa, mi lavo, mi vesto e faccio due passi in città. Vado in centro per incontrare i miei amici. Poi verso le 13:00 torno a casa e pranzo con i miei genitori. Il pomeriggio resto a casa: leggo un po' e poi mi dedico alla musica, suono il pianoforte. La sera esco e vado al cinema.

Ieri Valentina...

16 Passato prossimo

*Complete the e-mail with the correct form of the **passato prossimo** of the verbs in brackets.*

Caro Giorgio,

non ci vediamo da molto tempo... Più di due anni, vero?

Io da sette mesi (*trasferirsi*) _____ in Spagna e non ho più il tuo numero di telefono, perciò ti scrivo questa e-mail per raccontarti con calma un po' di cose.

Da dove cominciare? Allora, prima di tutto due anni fa, come sai, (*laurearsi*) _____ in ingegneria elettronica e poi (*cominciare*) _____ a lavorare con mio padre, per fare un po' di esperienza. L'anno scorso (*andare*) _____ in vacanza in Spagna, e lì (*incontrare*) _____ Catalina, una ragazza spagnola che (*fondare*) _____ un'agenzia di servizi per il web insieme a sua sorella. (*Noi – Parlare*) _____ molto e (*scoprire*) _____ di avere molte cose in comune. Durante la vacanza (*noi – uscire*) _____ insieme e (*divertirsi*) _____ molto: Catalina (*stupirsi*) _____ molto della mia conoscenza dello spagnolo e prima di partire mi (*dare*) _____ il suo indirizzo e-mail e mi (*chiedere*) _____ di mandare il mio curriculum.

Insomma, dopo due mesi mi (*proporre*) _____ di lavorare per lei a Madrid e io naturalmente (*accettare*) _____! I miei genitori sono molto felici. Come sai, mia madre è argentina, ed è particolarmente felice di sapere che sapere lo spagnolo così bene mi è stato utile. Qui in Spagna per ora mi trovo molto bene, il lavoro è interessante e Catalina è una direttrice molto brava e dinamica.

E tu? Che cosa (*fare*) _____ in questi due anni? So che (*laurearsi*) _____ a pieni voti, complimenti! Vivi ancora a Verona o anche tu (*trasferirsi*) _____?

Aspetto tue notizie!

Baci, Barbara

17 Passato prossimo

*Complete the e-mail with the correct form of the **passato prossimo** of the verbs in brackets.*

Ciao Dario,

ho sentito che tu e Giulia finalmente (*laurearsi*) _____, congratulazioni! Ieri sono andata al matrimonio di Andrea e (*stupirsi*) _____ molto di non trovarti lì. Perché non (*tu – venire*) _____? (*Essere*) _____ una bella cerimonia, semplice ma molto emozionante. Naturalmente mi sono commossa molto e (*mettersi*) _____ a piangere come una scema. Dopo la cerimonia (*noi – andare*) _____ tutti al ricevimento in un bellissimo agriturismo. (*Noi – Divertirsi*) _____ tanto, e poi (*noi – mangiare*) _____ benissimo. Finalmente (*io – conoscere*) _____ i fratelli di Andrea. Sua sorella Silvia è molto simpatica, (*noi – chiacchierare*) _____ per ore e alla fine mi (*lei – invitare*) _____ a cena a casa sua la settimana prossima. Suo fratello è molto carino e gentile, ma un po' timido, non (*io – riuscire*) _____ a parlargli molto. Insomma, (*essere*) _____ una bella giornata, l'unico problema è che ho mangiato veramente troppo e la sera (*sentirsi*) _____ un po' male.

A presto, baci,

Ilaria

P.S. (*Tu – Ricordarsi*) _____ di chiamare Viola per il suo compleanno?

18 Passato prossimo e aggettivi possessivi

*Complete the dialogue with the correct form of the **passato prossimo** of the verbs in brackets on the continuous lines (_____) and the possessive adjectives on the dotted lines (_ _ _ _).*

Giulia: Durante le vacanze (*venire*) _____ a trovarmi un cugino che vive in Ohio.

Carlo: In Ohio? Ma dai, non sapevo che avessi famiglia in America!

Giulia: Mah, sono dei parenti di _ _ _ _ madre che (*trasferirsi*) _____ negli Stati Uniti molti anni fa, a Cincinnati, io quasi non li conosco. L'ultima volta che (*noi – vedersi*) _____ è stato 9, 10 anni fa...

Carlo: Tanto tempo...

Giulia: Sì, infatti, solo _ _ _ _ mamma ha mantenuto i contatti con loro... E insomma lei e _ _ _ _ cugina (*sentirsi*) _____ lo scorso Natale e hanno avuto questa idea di ospitare i propri figli, a turno.

Carlo: Cioè?

Giulia: Cioè questa estate è venuto _ _ _ _ cugino e il prossimo anno vado io a Cincinnati, a casa _ _ _ _.

Carlo: Ma è proprio un bel progetto... E _ _ _ _ cugino che tipo è?

Giulia: Mah, è molto simpatico... Si chiama David... Abbiamo la stessa età, e gli (*io – presentare*) _____ Mara e Sandro. Siamo usciti spesso la sera, (*divertirsi*) _____...

Carlo: Parla italiano?

Giulia: Un po', con un forte accento americano, è un po' buffo... Ma alla fine è migliorato, abbiamo parlato tanto... (*Essere*) _____ interessante conoscere una persona che viene da un altro Paese...

19 Combinazioni

Form sentences matching the words and phrases in the three columns.

❶ Giuseppe | si sono conosciuti | perché non mi ascolti mai.
❷ Sara e Pietro | mi sono arrabbiata | in medicina.
❸ Fabiana | ti sei messa | per niente durante il weekend.
❹ Ada e Maria | non si sono riposate | chiudere la macchina.
❺ Io | non si è ricordata di | le scarpe da ginnastica.
❻ Tu | si è laureato | a casa di amici.

1 Lessico

In each group there is a word which is the odd one out. Which is it?

❶ prosciutto · salame · carne · mortadella

❷ ciliegie · uova · pesche · arancia

❸ carne · pesce · pesche · pollo

❹ aglio · cipolla · carote · uva

❺ olio · burro · latte · formaggio

❻ zucchero · patate · miele · biscotti

2 Lessico

Complete the crossword puzzle. Use the dictionary if necessary. At the end, in the gray boxes you will find the name of an object that people use in supermarkets.

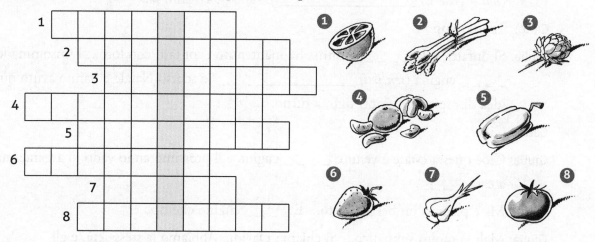

3 Lessico

The names of eleven foods are hidden in the grid below. Highlight them, as in the example (you need to find ten more). The remaing letters, read in order, will compose an Italian expression and the appropriate reply (both are used right before eating).

b	p	r	o	s	c	i	u	t	t	o
p	e	s	c	e	u	o	v	a	u	o
s	s	b	u	r	r	o	n	a	p	p
a	c	i	p	o	l	l	a	e	t	i
l	h	f	o	r	m	a	g	g	i	o
a	e	t	l	m	i	e	l	e	o	g
m	r	a	l	z	i	e	i	a	l	t
e	r	e	o	t	t	a	o	n	t	o

Soluzione: ☐☐☐☐ ☐☐☐☐☐☐☐☐ !

☐☐☐☐☐☐, ☐☐☐☐☐☐☐☐☐☐☐☐ !

4 Ascolto

24 (◄

Listen to the recording and select the products that Marco has to buy.

- ○ miele
- ○ pane
- ○ latte
- ○ mele rosse
- ○ mele verdi
- ○ carote

- ○ marmellata
- ○ uva
- ○ carne
- ○ caffè
- ○ prosciutto
- ○ uova

- ○ pomodori
- ○ peperoni
- ○ insalata
- ○ cipolle
- ○ acqua
- ○ pesche

5 Lessico

In each sequence cross the odd one out, as in the example. Then <u>underline</u> the one which includes the remaining four words. Use the dictionary if necessary.

① parmigiano · ricotta · <u>prodotti del latte</u> · mozzarella · ~~prosciutto~~

② panini · ciliegie · uva · fragole · frutta

③ spinaci · scatola · verdura · carciofi · melanzane

④ affettati · mortadella · frittata · prosciutto · salame

⑤ crostata · dolci · torta · biscotti · riso

⑥ vino · acqua · bevande · pesche · spumante

6 Lessico

How many combinations are possible?

| un pacco di |
| un litro di |
| un chilo di |
| un etto di |
| mezzo chilo di |
| sei |

carne macinata · pasta · salame · uova · patate · riso · cipolle · latte · prosciutto

Un pacco di pasta

7 Lessico
Complete the sentences with the words in the list below. More than one solution is possible.

latte   vino rosso   salame   uova

parmigiano   spaghetti   patate   maionese

1 un pacco di _____
2 un bicchiere di _____
3 un tubetto di _____
4 un litro di _____
5 un pezzo di _____
6 un chilo di _____
7 un etto di _____
8 tre _____

uova

patate

salame

8 Pronomi diretti
Complete with the correct pronoun (lo, la, li, le).

1 Il prosciutto, _____ preferisce cotto o crudo?
2 Abbiamo finito gli spaghetti: _____ compri tu?
3 Devo comprare anche il vino? _____ vuoi rosso o bianco?
4 Le mele, _____ vuoi rosse o gialle?
5 I tortellini, _____ vuoi con la carne o con la ricotta?

9 Pronomi diretti
Complete the following dialogues with the pronouns lo, la, li, le.

1 ■ Sei peperoni, per cortesia.
▼ _____ vuole rossi o gialli?

2 ■ Il parmigiano fresco o stagionato?
▼ _____ preferisco piuttosto stagionato.

3 ■ Ti piace il pesce?
▼ Sì, _____ mangio spesso.

4 ■ Ancora qualcos'altro?
▼ Della mortadella, ma _____ vorrei affettata sottile.

5 ■ Ha dell'uva?
▼ Certo. _____ preferisce bianca o nera?

6 ■ Ci sono i ravioli oggi?
▼ Sì, _____ vuole agli spinaci o alla zucca?

7 ■ Compri tu le olive?
▼ Sì. _____ prendo verdi o nere?

8 ■ Non ci sono più uova.
▼ Non c'è problema, _____ compro io.

10 Pronomi diretti

*Complete the sentences with the direct pronouns **lo**, **la**, **li**, **le**, as in the example.*

Esempio:
- Dove **posso** prendere **una forchetta**?
- (*tu, nel cassetto*) Puoi prenderla nel cassetto.

1 ■ Quando vuoi cucinare le bistecche?
▼ (*io, domani*) _____

2 ■ Dove posso comprare il latte?
▼ (*tu, al bar qui sotto*) _____

3 ■ Chi deve fare la spesa oggi?
▼ (*Andrea*) _____

4 ■ Dove posso trovare le uova?
▼ (*Lei, nell'ultimo reparto a destra*) _____

5 ■ Chi può tagliare la pancetta?
▼ (*io*) _____

6 ■ Dove posso mettere lo zucchero?
▼ (*tu, sul tavolo*) _____

7 ■ Come vuoi cucinare le salsicce?
▼ (*io, in padella*) _____

8 ■ Quando posso buttare la pasta?
▼ (*tu, tra dieci minuti*) _____

11 Pronomi diretti

*Complete the recipe with the direct pronoun **lo**, **la**, **li**, **le**.*

Per preparare gli spaghetti alla carbonara hai bisogno di:
- mezzo chilo di spaghetti
- due etti di pancetta (è meglio il guanciale, però non _____ trovi facilmente fuori dall'Italia)
- due etti di pecorino romano
- 3 uova
- olio, sale, pepe

Spaghetti alla carbonara

Devi mischiare bene le uova con una forchetta. Poi grattugi il pecorino e _____ aggiungi alle uova, insieme al pepe. Poi tagli la pancetta a pezzi e _____ metti in una padella con un po' di olio. Intanto puoi riempire di acqua la pentola per gli spaghetti e metter_____ sul fornello. Quando l'acqua bolle, aggiungi il sale e butti gli spaghetti nell'acqua. Mentre _____ cuoci devi mettere la pancetta in una padella sul fuoco e cuocer_____ lentamente. Quando gli spaghetti sono pronti, _____ mischi velocemente alle uova. Alla fine versi la pancetta ancora calda e mischi tutto. Ecco, i tuoi spaghetti alla carbonara sono pronti!

12 Pronomi diretti
Complete the sentences with the direct pronouns lo, la, li, le.

❶ Mi dà un pacco di riso? _____ vorrei integrale.

❷ Prendi due spicchi d'aglio e _____ metti in padella con un po' d'olio.

❸ Abbiamo finito la pancetta, puoi comprar_____?

❹ Ho comprato i calamari, vuoi mangiar_____ fritti o alla griglia?

❺ Devi prendere una pentola grande e riempir_____ d'acqua.

❻ Prendi il petto di pollo, _____ tagli a pezzi e _____ passi nella farina.

❼ Per la carbonara facciamo gli spaghetti, _____ preferisco.

❽ Per dolce ho preso le fragole, posso preparar_____ con la panna.

13 Uso partitivo della preposizione *di* + articolo
Put each noun in the correct box, as in the example.

spaghetti   pesce   patate   uva   zucchero   mozzarella   spinaci

~~pane~~   latte   peperoni   uova   carne   pomodori   acqua   pesche

del	della	dello	dell'
pane			

delle	dei	degli

14 Uso partitivo della preposizione *di* + articolo
Complete with di + article.

❶ Vorrei _____ aglio.

❷ Ha _____ parmigiano stagionato?

❸ Puoi comprare _____ latte e _____ uova?

❹ Ha _____ uva?

❺ Ho comprato _____ ciliegie e _____ pesche.

❻ Oggi abbiamo _____ pesce molto buono.

❼ Vorrei _____ carne macinata.

❽ Il pane è finito. Vanno bene anche _____ panini?

15 Uso partitivo della preposizione *di* + articolo
*Do you know these Italian dishes? Complete with the partitive **del, della, dei**, etc.*

❶ Per fare **il tiramisù** dovete comprare _____ biscotti, _____ mascarpone*, _____ uova, _____ caffè e _____ zucchero.

❷ Per **il pinzimonio** prendete _____ verdure fresche, _____ olio d'oliva, _____ aceto, _____ sale e _____ pepe.

❸ Per **il carpaccio** dovete prendere _____ manzo crudo, _____ parmigiano, _____ olio d'oliva, _____ sale, _____ pepe e _____ limone.

* Il mascarpone è un tipo di formaggio fresco.

16 Pronomi diretti e particella *ne*
*Complete the sentences with **lo, la, li, le** or **ne**.*

❶ Prendo le albicocche, ma _____ vorrei mature.
❷ Prendo le ciliegie, ma _____ vorrei solo un chilo.
❸ Non amo molto i dolci: _____ mangio pochi.
❹ I dolci? Non _____ mangio molto spesso.
❺ Vuole del vino? _____ preferisce rosso o bianco?
❻ A casa mia, il vino a tavola c'è sempre. A pranzo _____ bevo un bicchiere.
❼ La pasta mi piace e _____ mangio molta.
❽ La pasta mi piace e _____ mangio spesso.

17 Pronomi oggetto diretto e particella *ne*
*Complete the dialogue with the direct pronouns or **ne**.*

■ Cosa desidera oggi?

▼ Due etti di salame. Ma _____ vorrei affettato sottile, per cortesia.

■ Certo, signora. Ancora qualcosa?

▼ Sì. Delle olive.

■ _____ preferisce verdi o nere?

▼ Verdi.

■ Quante _____ vuole?

▼ Circa due etti.

■ Benissimo. Qualcos'altro?

▼ Sì, del parmigiano e poi un pacco di zucchero.

■ Il parmigiano _____ vuole fresco o stagionato?

▼ Stagionato. _____ vorrei circa due etti e mezzo.

■ Altro?

▼ No, nient'altro, grazie.

18 Dialoghi scombinati

Match the sentences to create to create mini-dialogues, as in the example.

1 ⓑ Buongiorno, vorrei del prosciutto.   **ⓐ** Ne ho tre: due maschi e una femmina.

2 ◯ Ti piacciono i peperoni?   **ⓑ** Quanto ne vuole?

3 ◯ Quanti figli hai?   **ⓒ** Ne ho comprate 12.

4 ◯ Ho finito di leggere il giornale.   **ⓓ** Sì, ma non li compro spesso.

5 ◯ Hai comprato le uova per la torta?   **ⓔ** Li vedo ogni sabato.

6 ◯ Quando vedi i tuoi genitori?   **ⓕ** Adesso posso leggerlo io?

19 Lessico

*Who is speaking? The shop assistant (**commesso**) or the customer (**cliente**)?*

	commesso	cliente
1 Che cosa desidera oggi?	◯	◯
2 Va bene così?	◯	◯
3 Ha del parmigiano?	◯	◯
4 Nient'altro, grazie.	◯	◯
5 Quanti ne vuole?	◯	◯
6 Si accomodi alla cassa.	◯	◯
7 Altro?	◯	◯
8 Ne vorrei mezzo chilo.	◯	◯
9 No, un po' di più, per favore.	◯	◯
10 Ancora qualcos'altro?	◯	◯
11 Lo può affettare molto sottile?	◯	◯
12 Fresco o a lunga conservazione?	◯	◯
13 No, no, anzi, è molto stagionato.	◯	◯
14 Ma sono freschi?	◯	◯

20 **Pronomi diretti e particella *ne***
*Complete the mini-dialogues with the direct pronouns **lo**, **la**, **li**, **le** or **ne**.*

1 ■ Vorrei della carne macinata.
  ▼ _____ preferisce di maiale o di vitello?

2 ■ E poi del prosciutto cotto, per cortesia.
  ▼ Quanto _____ vuole?

3 ■ Un pezzo di parmigiano, per piacere.
  ▼ _____ vuole fresco o stagionato?

4 ■ Belle queste fragole. _____ posso prendere una?
  ▼ Certo, signora, prego.

5 ■ Ha del pecorino?
  ▼ Certo. _____ ho uno veramente buonissimo. _____ vuole assaggiare*?

6 ■ Otto peperoni, per piacere.
  ▼ Come _____ vuole? Verdi o rossi?

7 ■ Compri tu le lasagne?
  ▼ D'accordo. _____ vuoi con la carne o al pesto?

*assaggiare = provare

21 **Combinazioni**
Match questions and answers.

1○ Conoscete quei ragazzi là?

2○ Perché non esci mai con Carlo?

3○ Leggi molti libri?

4○ Prendi sempre così tanto pane?

5○ Leggete il giornale?

6○ Quando vedi Federica e Valentina?

7○ Hai visto il telegiornale stasera?

a Certo, ma solo online.

b Eh, sì. Pensa che ieri ne ho comprato un chilo!

c No, in questi giorni non ho avuto tempo di vederlo.

d Ma non è vero! Lo vedo oggi, andiamo al cinema insieme.

e Sì, frequentano il corso d'italiano con noi. Li conosciamo molto bene.

f Sì, ma non li compro mai. Li prendo in biblioteca.

g Mah, penso di incontrarle domani.

22 **Pronuncia**   25 (◀
*Select the sound that you hear: **b** or **p**?*

	1	2	3	4	5	6	7	8	9	10	11	12	13	14
b	○	○	○	○	○	○	○	○	○	○	○	○	○	○
p	○	○	○	○	○	○	○	○	○	○	○	○	○	○

1 Lessico

Look at the picture in activity **1**, *page 180 of the textbook. Then complete the crossword puzzle.*

ACROSS →

① Eugenio ha le scarpe da…
② Sandro li ha di pelle.
③ Eleonora ne ha uno celeste.
④ Fabrizio ne ha una a righe.
⑤ Adriana ne indossa una nera.

DOWN ↓

⑥ Eleonora ha le scarpe con i…
⑦ Adriana le ha basse.
⑧ Eleonora ne ha uno blu.
⑨ Quelli di Vittoria sono neri.
⑩ Sandro ne ha una verde.
⑪ Fabrizio ne porta una bianca.

2 Combinazioni

The names of eleven colors are hidden in the grid below. Can you find them?

k	m	g	g	n	s	n	t	a	z
b	a	i	r	x	n	y	e	r	r
l	r	a	i	v	i	o	l	a	o
u	r	l	g	n	e	r	o	n	s
x	o	l	i	x	t	o	s	c	s
a	n	o	o	u	i	s	t	i	o
r	e	d	e	d	y	a	o	o	c
b	i	a	n	c	o	x	b	n	v
r	v	v	p	p	b	j	k	e	h
v	e	r	d	e	c	d	p	r	u

① white → _____
② black → _____
③ red → _____
④ gray → _____
⑤ pink → _____
⑥ orange → _____
⑦ brown → _____
⑧ green → _____
⑨ blue → _____
⑩ yellow → _____
⑪ purple → _____

3 Aggettivi

Complete the adjectives with the correct endings.

❶ Martina oggi indossa dei pantaloni ner___, una camicia celest___ e una giacca bianc___.

❷ Sergio per andare in ufficio mette un vestito bl___ o marron___.

❸ Giuseppe oggi ha messo i jeans con una camicia verd___ e una giacca ner___.

❹ Eva porta spesso una gonna bl___ e una camicia ros___.

❺ Franco indossa volentieri i pantaloni grig___ con un maglione ross___.

❻ A Giuliana piacciono le gonne giall___, verd___ e ross___.

4 Combinazioni

Match questions and answers.

❶◯ Che taglia porta?

❷◯ Desidera?

❸◯ Questo modello come Le sembra?

❹◯ Quanto costa questa borsa?

❺◯ Se la camicia non va bene, la posso cambiare?

❻◯ Il giallo non è un colore troppo vivace per me?

ⓐ Certo. Però deve conservare lo scontrino.

ⓑ Ma no, Le sta benissimo!

ⓒ Cerco degli stivali di pelle.

ⓓ La 42.

ⓔ 147 €.

ⓕ Mah, forse è un po' troppo classico.

5 Futuro semplice

*Complete the sentences with the correct form of the **futuro semplice** of the verbs in brackets.*

❶ Un giorno (*noi – parlare*) _____ perfettamente italiano.

❷ Presto (*voi – tornare*) _____ in Giappone.

❸ Tra due anni Giacomo (*finire*) _____ l'università.

❹ Forse (*io – comprare*) _____ un paio di scarpe con i tacchi alti.

❺ Tra un paio d'anni (*loro – sposarsi*) _____.

❻ Prima o poi (*tu – uscire*) _____ con Maria?

❼ Forse Silvia (*partecipare*) _____ a un talent show.

❽ Un giorno (*noi – andare*) _____ in India.

❾ Prima o poi mi (*tu – insegnare*) _____ a fare la pasta in casa.

❿ Un giorno (*io – fare*) _____ un corso di cucina.

⓫ Come (*loro – scegliere*) _____ la vincitrice del concorso?

⓬ Un giorno (*voi – essere*) _____ ricchi.

6 Futuro semplice

Complete the sentences with the correct form of the futuro semplice of the verbs in brackets.

❶ Dopo la laurea, non so cosa (*io – fare*) _____: forse (*andare*) _____ negli Stati Uniti per un master, o forse (*lavorare*) _____ un po' con mio padre.

❷ Quando (*tu – avere*) _____ la mia età, (*sapere*) _____ cosa significa essere adulto!

❸ Ma voi (*venire*) _____ in vacanza in questo campeggio anche l'anno prossimo?

❹ Tra un mese i miei genitori (*andare*) _____ a Venezia per festeggiare il loro anniversario di matrimonio.

❺ Se vuoi passare il concorso, (*dovere*) _____ studiare giorno e notte!

❻ Io e mia moglie non (*essere*) _____ mai d'accordo su dove andare in vacanza: lei ama il mare e io la montagna…!

❼ Se la prossima estate (*tu – venire*) _____ a Milano, dobbiamo vederci!

7 Trasformazione

Rewrite the following texts changing the subject.

❶ Io sono sicura: prima o poi diventerò ricca e potrò comprarmi tutti i vestiti che voglio. Per prima cosa comprerò un paio di stivali di Prada.
Eleonora è sicura, prima o poi…

❷ Un giorno io e Marta ci sposeremo, faremo una bellissima cerimonia in una chiesa di campagna e organizzeremo un ricevimento in una villa sul Lago di Como.
Un giorno Enrico e Marta…

❸ Michele non ha vestiti eleganti. Quando discuterà la sua tesi di laurea probabilmente metterà il completo blu di suo fratello e prenderà una delle cravatte di suo padre. Dovrà comprare solo le scarpe: tra qualche giorno lui e Vittoria andranno insieme al centro commerciale e ne cercheranno un paio.
Io non ho vestiti eleganti. Quando…

8 Pronomi indiretti

Complete the sentences with the indirect pronouns gli and le.

❶ Esco con mio figlio nel pomeriggio, devo comprar____ un paio di scarpe.

❷ Sono andato al bar con Maria e Dario e ____ ho offerto un caffè.

❸ ■ Ti sei ricordato del regalo per Giovanna?
   ▼ Sì, ____ ho comprato una borsa.

❹ Giorgio e Alessandro erano in ritardo, così ____ ho prestato il motorino.

❺ Anna portava un vestito rosso, ____ stava molto bene.

❻ Ho chiamato le mie amiche e ____ ho promesso di andare a fare shopping con loro.

❼ Stefano era indeciso sul colore dei pantaloni: ____ ho consigliato di prendere quelli blu.

9 Pronomi indiretti

Complete the sentences with the indirect pronouns, as in the example.

❶ Dove hai comprato questa gonna? _Ti_ sta molto bene!

❷ Fabio voleva comprare delle scarpe: ____ ho suggerito di andare in centro.

❸ Signora, se vuole cambiare la camicia, ____ consiglio di conservare lo scontrino.

❹ Devo andare a un matrimonio sabato, puoi prestar____ un vestito elegante?

❺ Avete letto l'e-mail che ____ ho mandato ieri?

❻ Ho telefonato a Stefania per chieder____ un favore.

❼ È un po' che non sento Roberto e Bruno, stasera ____ telefono.

❽ Un momento, Signore, ____ prendo una taglia più grande.

❾ Nel pomeriggio andiamo in quel negozio che ____ hai consigliato.

❿ Scusa, Caterina, posso chieder____ un favore?

10 Pronomi indiretti

Complete the sentences with the indirect pronouns, as in the example.

❶ Preferisco i colori vivaci, il nero non _mi_ piace.

❷ Marina non indossa le gonne. Dice che non ____ stanno bene.

❸ Signora, ____ piacciono questi pantaloni?

❹ Giovanni preferisce i pantaloni sportivi, ____ piacciono soprattutto i jeans.

❺ Senti, Giorgio, ____ piace questa giacca?

❻ Questi stivali ____ sembrano troppo sportivi. Non li compro.

❼ Roberto e Giulio non mettono mai i jeans. ____ piace essere eleganti.

❽ Mamma, come ____ sembra questo cappotto? ____ piace?

❾ Nicola ha freddo, puoi portar____ un maglione?

❿ Se vengono Andrea e Valentina possiamo finalmente dar____ il nostro regalo.

11 Combinazioni

Match questions and answers and fill in the blanks with the indirect pronouns.

❶○ Cosa ha detto Edoardo del maglione?

❷○ Hai chiamato Giulia?

❸○ Hai visto il maglione rosso in vetrina?

❹○ Che cosa hai detto a Luca?

❺○ Cos'hai regalato a Dario per la laurea?

❻○ Perché Valerio non mette mai la cravatta?

❼○ Eva, ti piace questa gonna?

❽○ Cosa ha detto Serena dei pantaloni?

❾○ Perché non indossi mai i pantaloni?

❿○ Perché Carla non mette mai le gonne?

ⓐ Perché ____ piace vestire in modo sportivo.

ⓑ Sì, ma il colore ____ sembra troppo acceso.

ⓒ Perché non ____ stanno bene.

ⓓ Che ____ piace molto!

ⓔ No, devo telefonar____ questo pomeriggio.

ⓕ Mah, ____ sembrano troppo giovanili.

ⓖ Mah, dice che non ____ stanno bene.

ⓗ ____ ho detto che partiamo domani.

ⓘ No, non ____ piace molto.

ⓛ ____ ho regalato un bello zaino.

12 Pronomi diretti e indiretti

Underline the correct direct or indirect pronouns.

1 Se vedi Paolo **lo / gli / le** puoi dire che **lo / gli / li** cerco da due giorni?
Devo parlar**lo / gli / le** al più presto!

2 Francesco è incredibile: quando vede un nuovo modello di cellulare **lo / gli / la** deve comprare, anche se non **lo / gli / le** piace!

3 Sabrina dice che non **li / gli / le** piacciono i biscotti al cioccolato, ma quando **li / gli / le** trova al supermercato **li / gli / le** compra sempre.

4 Ho chiamato Patrizia: domani **le / la / gli** vedo e **le / la / gli** dico tutto!

5 Ho incontrato Federico, ma non **l' / le / gli** ho invitato alla festa: **l' / lo / gli** ho detto che **li / lo / gli** telefonerai tu stasera.

13 Quello

*Complete with the correct form of **quello**.*

1 Mi piace _____ maglione.

2 _____ pantaloni sono troppo cari.

3 Ti piace _____ giacca?

4 Quanto costano _____ scarpe?

5 Che ne dici di _____ stivali?

6 Vorrei provare _____ impermeabile.

7 Le piacciono _____ mocassini?

8 _____ zaino non mi piace proprio.

14 Quello

*Complete with the correct form of **quello**.*

■ Che ne dici di _____ mocassini?

▼ Quali? _____ neri?

■ No, no, più a destra, _____ di pelle marrone da 98 €.

▼ Sì, sono bellissimi, ma costano troppo!

■ E allora che ne dici di _____ scarpe nere?

▼ _____ da 63 €?

■ Sì, proprio _____. Sono meno care e mi sembrano pure comode.

▼ Mah, veramente non mi piacciono. Preferisco delle scarpe più sportive.

■ E allora puoi prendere _____ stivali…

▼ Mah… Non so…

15 Combinazioni

*Make up mini-dialogues and then complete them with the correct form of **quello**, as in the example.*

1 ⓑ Lia, vorrei provare __quegli__ occhiali da sole.

2 ◯ Scusi, quanto costa _____ cappotto?

3 ◯ Posso provare _____ scarpe marroni?

4 ◯ Senta, ma _____ giacca è in saldo?

5 ◯ Secondo te, come mi sta _____ maglione?

6 ◯ Ma davvero vuoi comprare _____ impermeabile?

ⓐ Ma non saprei… Forse quel colore è troppo scuro.

ⓑ Così grandi? Secondo me non ti stanno bene.

ⓒ Sì, perché, non ti piace?

ⓓ Certo, signore. Che numero porta?

ⓔ No, mi dispiace. I saldi iniziano la prossima settimana.

ⓕ Quello in vetrina? Costa 264 €, signora.

16 Ascolto

26 ◖◗

Listen to the recording and select the correct option.

1 Perché Paolo è al computer?
   ⓐ◯ Per lavoro.
   ⓑ◯ Per comprare dei vestiti.

2 Paolo
   ⓐ◯ compra spesso abiti online.
   ⓑ◯ di solito non compra abiti online.

3 Secondo Serena,
   ⓐ◯ Paolo non segue la moda.
   ⓑ◯ a Paolo non stanno bene gli abiti
      in pelle.

4 Paolo vuole comprare
una camicia
   ⓐ◯ verde.
   ⓑ◯ bianca.

5 Il sito dove fa shopping Paolo ha
   ⓐ◯ solo abiti maschili.
   ⓑ◯ capi per uomo e donna.

6 Paolo e Serena
   ⓐ◯ hanno deciso di non andare a cena.
   ⓑ◯ vanno a cena in ritardo.

17 Pronuncia

27 ◖◗

Listen to the following words and mark whether you hear c, cc, g or gg.

	1	2	3	4	5	6	7	8	9	10	11	12	13	14	15
c	◯	◯	◯	◯	◯	◯	◯	◯	◯	◯	◯	◯	◯	◯	◯
cc	◯	◯	◯	◯	◯	◯	◯	◯	◯	◯	◯	◯	◯	◯	◯
g	◯	◯	◯	◯	◯	◯	◯	◯	◯	◯	◯	◯	◯	◯	◯
gg	◯	◯	◯	◯	◯	◯	◯	◯	◯	◯	◯	◯	◯	◯	◯

TEST

1 Trasformazione _____ /21

Rewrite the text changing it from first person singular to third person singular.

Sono Gloria, abito a Roma. La mattina mi sveglio alle 7:00, faccio colazione, mi vesto ed esco verso le 8:00. Vado a lavorare in bicicletta. Comincio a lavorare alle 8:30 e finisco alle 16:30. Il lavoro è interessante ma mi stanco molto, così la sera quando torno a casa mi riposo, leggo o guardo la televisione. Durante il fine settimana voglio divertirmi, sto con gli amici e spesso vado al cinema o a teatro. *È Gloria...*

2 Aggettivi possessivi _____ /19

Complete the text with the possessive adjectives and, when necessary, add definite articles. The definite article and the possessive are each worth a point.

Abito in Sicilia, a Palermo, da sei anni. Sono venuto qui per _____ lavoro. Mi occupo di ricerca scientifica all'università, _____ specializzazione è neurochirurgia. All'università ho conosciuto Paola, _____ moglie. Paola è nata a Palermo e ha passato tutta _____ vita in questa bellissima città. Io e Paola abbiamo due figli, _____ bambini si chiamano Laura e Michele. Abbiamo comprato una grande casa nel centro di Palermo. È una casa antica con molte camere da letto ed è perfetta per ospitare le sorelle di Paola: _____ due sorelle vivono in Germania e vengono spesso in Italia.
Anche io ho dei parenti che non vivono in Sicilia: _____ genitori abitano a Venezia. _____ padre insegna matematica in una scuola e _____ madre fa la commessa. Io sono _____ unico figlio, ma non li vedo quasi mai. Con questa nuova casa speriamo di ospitare più frequentemente _____ parenti che vivono lontano e di passare più tempo insieme.

3 Pronomi diretti e particella *ne* _____ /8

*Complete the conversation with the direct pronouns or **ne**.*

■ Buongiorno, Signora Carli.

▼ Buongiorno, Mario, vorrei delle pere.

■ Sì, _____ preferisce verdi o gialle?

▼ Gialle, grazie, _____ vorrei un chilo. Oggi vorrei fare una torta.

■ Che bella idea. E come _____ prepara?

▼ Con le pere e il cioccolato... Ha del cioccolato?

■ Sì, naturalmente! Come _____ vuole, al latte o fondente?

▼ Fondente, grazie. _____ vorrei 150 grammi.

■ Senta, ho una confezione di cioccolato da 200 grammi. Va bene?

▼ Va bene, _____ prendo.

■ Signora Carli, _____ posso offrire queste fragole? Sono dolcissime e sono perfette per la sua torta.

▼ Oh Mario, come è gentile! _____ prendo volentieri.

4 Passato prossimo dei verbi riflessivi ____ /18

*Complete the sentences with the correct **passato prossimo** form of the verbs in brackets.*

❶ Roberta (*trasferirsi*) _____ in un appartamento in centro.
❷ Io (*svegliarsi*) _____ tardi.
❸ Mio fratello (*laurearsi*) _____ in ingegneria il mese scorso.
❹ Lucio e Diana (*sposarsi*) _____ a Parigi.
❺ Io e Carlo (*incontrarsi*) _____ a teatro, ieri sera.
❻ (*Voi – Divertirsi*) _____ allo stadio domenica?

5 Futuro ____ /10

*Complete the sentences with the correct **futuro semplice** form of the verbs in brackets.*

❶ Quando (*noi – finire*) _____ di studiare, (*noi – fare*) _____ un lungo viaggio.
❷ Per preparare questo esame Carlo e Maria (*dovere*) _____ studiare molto.
❸ Quando (*voi – venire*) _____ a trovarmi in campagna?
❹ Il prossimo anno Giulia (*andare*) _____ a lavorare in Spagna.
❺ Quando (*io – avere*) _____ molti soldi, (*comprare*) _____ una casa al mare.
❻ Presto (*lui – finire*) _____ l'università e (*dovere*) _____ trovare un lavoro.
❼ Questo fine settimana (*loro – uscire*) _____ con i loro amici.

6 Pronomi diretti e indiretti ____ /16

*Rewrite the following text replacing **highlighted** names with direct or indirect pronouns. The position and the form of a pronoun, when appropriate, are each worth a point.*

Da qualche giorno Tania è a casa malata, ha l'influenza. Tania ha due grandi amiche, Federica e Simona, che studiano con lei all'università e chiamano **Tania** ogni giorno per sapere come sta e per chiacchierare un po'. Tania chiede **a Federica e Simona** cosa hanno fatto durante il giorno e si informa sulle lezioni. Oggi ha anche telefonato Robert, uno studente francese che frequenta l'università da un mese. Tania ha conosciuto **Robert** al bar dell'università e sono diventati amici. Robert ha chiesto **a Tania** il suo numero di telefono e oggi ha deciso di chiamare **Tania** per invitare **Tania** al cinema insieme ad altri suoi amici. Tania ha detto **a Robert** che purtroppo è malata e non può uscire, ma sicuramente chiamerà **Robert** quando starà di nuovo bene.

7 Quello ____ /8

*Complete the sentences with the correct form of **quello**.*

❶ Hai visto _____ scarpe in vetrina? Non sono bellissime?
❷ Io da piccolo abitavo in _____ palazzo giallo.
❸ Mi hai detto che _____ studente è australiano, vero?
❹ Non mi piace lo zoo, mi fa tristezza vedere tutti _____ animali in gabbia.
❺ Vedi là in mezzo al mare _____ isola? Sembra meravigliosa!
❻ Secondo te, _____ ragazza non assomiglia molto a tua sorella?
❼ _____ orologio mi piace molto, ma costa davvero troppo…
❽ Voglio assaggiare _____ biscotti in offerta.

IL MONDO CHE CAMBIA

1 Lessico

Replace the <u>underlined</u> words and expressions with the ones from the list having the same meaning, as in the example.

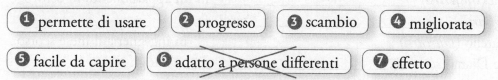

❶ permette di usare   ❷ progresso   ❸ scambio   ❹ migliorata

❺ facile da capire   ❻ ~~adatto a persone differenti~~   ❼ effetto

Dal 2000 a oggi abbiamo visto un'<u>evoluzione</u> ◯ tecnologica senza precedenti. Ecco alcune innovazioni tecnologiche che hanno avuto un grande <u>impatto</u> ◯ sulle nostre vite.

Wikipedia • Un'enciclopedia online che <u>dà accesso a</u> ◯ un'immensa quantità di contenuti, liberi e gratuiti. È basata sulla partecipazione degli utenti. Sopravvive solo grazie alle donazioni.

Facebook • Non è stato il primo né l'ultimo social media, ma è certamente il più <u>trasversale</u> ❻ e ad oggi il più diffuso. Ha cambiato internet, il modo di comunicare, vendere e fare pubblicità.

Smartphone • È diventato un computer in miniatura con una tecnologia sempre <u>più perfezionata</u> ◯, che può fare le operazioni più varie in maniera semplice e <u>intuitiva</u> ◯.

Instagram • Un'app di <u>condivisione</u> ◯ di foto e video che ha rivoluzionato il modo di fare comunicazione.

2 Trasformazione

Rewrite the text changing the verbs from the third singular person to the third plural person. Remember that in some cases you must change other elements too.

Ho cominciato ad usare i social pochi anni fa e inizialmente ero abbastanza scettico.

Prima navigavo di più su vari siti e sicuramente leggevo più libri, poi ho capito che

con i social potevo accedere a moltissime informazioni e conoscere persone diverse.

Ho veramente cambiato idea!

> Paolo e Camilla hanno cominciato a usare i social pochi anni fa...

3 Imperfetto

*Complete the text with the correct **imperfetto** form of the verbs in brackets.*

Quando ero bambino (*vivere*) _____ in campagna, in una fattoria con molti animali. (*Io – Passare*) _____ molto tempo all'aria aperta. Io e i miei amici (*giocare*) _____ a calcio o a pallacanestro e (*divertirsi*) _____ moltissimo. In quegli anni ancora non (*esistere*) _____ gli smartphone e internet, e quando non (*io – essere*) _____ in casa, (*dovere*) _____ cercare un telefono pubblico per parlare con la mia famiglia.

Mia figlia è nata nel 2010 e in pratica già da piccola ha avuto la possibilità di usare la tecnologia: a due anni (*usare*) _____ il computer e il tablet per disegnare e spesso io e lei (*ascoltare*) _____ le canzoni per bambini e (*guardare*) _____ dei vecchi cartoni animati che io (*guardare*) _____ da bambino, ma che ora la televisione non trasmette più.

4 Imperfetto

*Complete the sentences with the correct **imperfetto** form of the verbs in brackets.*

❶ Teresa, tu dove (*andare*) _____ in vacanza da bambina?

❷ Come (*chiamarsi*) _____ il cane che (*tu – avere*) _____ da piccola?

❸ Quando io e mia sorella (*essere*) _____ piccole, non (*esistere*) _____ i cellulari e (*noi – sapere*) _____ a memoria tutti i numeri di telefono dei nostri amici.

❹ Dove (*abitare*) _____ i tuoi nonni?

❺ Ti ricordi i primi computer? (*Essere*) _____ molto grandi, (*avere*) _____ poco spazio di memoria e (*costare*) _____ molto.

❻ Voi (*vivere*) _____ in campagna, vero?

❼ Da bambino (*io – leggere*) _____ moltissimi libri e (*guardare*) _____ poco la TV.

❽ Quando Riccardo (*avere*) _____ 10 anni, (*sapere*) _____ suonare molto bene il pianoforte.

12 IL MONDO CHE CAMBIA

5 Ascolto

28

a. *Listen to the recording and select the correct option.*

1 La signora Babini
- **a** ○ ama i gatti.
- **b** ○ non ama i gatti.

2 Da bambina, la signora Babini
- **a** ○ aveva un solo animale in casa.
- **b** ○ aveva più animali in casa.

3 Nerone mangiava spesso
- **a** ○ le cravatte.
- **b** ○ i giocattoli.

4 La signora Babini
- **a** ○ ha avuto un solo gatto.
- **b** ○ non ha mai avuto un gatto.

5 La signora Babini vive
- **a** ○ da sola.
- **b** ○ con un uomo.

6 Adesso la signora Babini
- **a** ○ può prendere un gatto.
- **b** ○ non vuole animali in casa.

b. *Complete the text conjugating the verbs in brackets in the **passato prossimo** or **imperfetto**. Then listen again to the recording and check your answers.*

No, quando ero piccola (*noi – avere*) _____ un cane e un canarino.
Il cane (*chiamarsi*) _____ Nerone, perché (*essere*) _____ tutto nero. Sì, un grosso cane nero che mi (*fare*) _____ anche un po' paura.
Poi Nerone (*essere*) _____ un cane terribile: (*salire*) _____ sui letti, mi (*mangiare*) _____ i giocattoli… Una volta (*mangiare*) _____ anche la cravatta di mio padre!

6 Imperfetto

*How was Alfredo's life before? Make some sentences in the **imperfetto** with the words below, as in the example.*

(mangiare a casa) (lettere) (in campeggio) (~~con altre persone~~)

(capelli lunghi) (la bicicletta) (musica rock)

1 Oggi vivo da solo in una casa grandissima. _Prima vivevo con altre tre persone._

2 Oggi scrivo solo e-mail. _Prima_ _____

3 Adesso mangio spesso al ristorante. _____

4 Oggi vado solo in albergo. _____

5 Adesso prendo sempre la macchina. _____

6 Adesso ascolto solo musica jazz. _____

7 Ora sono calvo. _____

7 Chi lo dice?

Read the descriptions, then match each sentence with the right person, as in the example.

1 Teresa adorava sua sorella.

2 Camilla si arrabbiava raramente.

3 Giulio odiava la scuola.

4 Saverio amava stare all'aria aperta.

5 Eleonora sognava di diventare una persona famosa.

6 Zeno aveva molti animali domestici.

a ___Camilla___ dice: "Ero una bambina tranquilla".

b _____ dice: "Andavo tutti giorni al parco con mia mamma".

c _____ dice: "Avevo un gatto, due conigli e un pesce rosso".

d _____ dice: "In classe mi annoiavo sempre e non sopportavo i miei compagni".

e _____ dice: "Io e Paola giocavamo sempre insieme e non litigavamo mai".

f _____ dice: "Volevo fare l'attrice".

8 Passato prossimo e imperfetto

<u>Underline</u> in the text the verbs in the **passato prossimo** and **imperfetto** and insert them in the correct column.

Un cambiamento

Da piccolo ero un bambino molto chiuso. Odiavo la scuola, non mi piaceva fare sport e avevo pochissimi amici. Stavo spesso a casa, guardavo la TV o leggevo i fumetti. Naturalmente spesso mi annoiavo e quindi mangiavo moltissimi dolci. Qualche volta venivano degli amici dei miei genitori con i loro figli. Allora giocavo con gli altri bambini, ma non mi divertivo molto. A 16 anni poi ho incontrato una ragazza, Francesca, e mi sono innamorato per la prima volta. Così ho cominciato ad andare volentieri a scuola, a uscire con gli altri ragazzi e ad andare alle feste. Ho cominciato a fare sport e ho imparato anche a giocare a tennis.

---

descrizioni o abitudini	azioni successe una volta sola o in un tempo determinato

9 Passato prossimo e imperfetto
Match the sentences on the left with those on the right and conjugate the verbs in brackets in the **passato prossimo**, *as in the example.*

1 (f) Ero molto brava a scuola.

2 ◯ Carmen andava sempre in vacanza con i genitori.

3 ◯ Il Natale andavamo sempre a casa dei nonni.

4 ◯ Silvia andava a ballare ogni sabato,

5 ◯ Mio padre era sempre molto puntuale.

6 ◯ Normalmente non avevi voglia di leggere,

7 ◯ D'estate di solito prendevamo in affitto un appartamento.

a Una volta (*andare*) _____ in campeggio.

b Solo una volta (*arrivare*) _____ tardi.

c Una volta (*partire*) _____ con un gruppo di ragazzi.

d ma una volta (*andare*) _____ in biblioteca.

e Una volta però (*venire*) _____ loro da noi.

f Solo una volta (*prendere*) ___ho preso___ un brutto voto.

g ma da quando (*conoscere*) _____ Aldo passa tutti i fine settimana a casa.

10 Passato prossimo e imperfetto
Complete the sentences with the correct **passato prossimo** *or* **imperfetto** *form of the verbs in brackets.*

1 Da bambina (*io – andare*) _____ a Rimini ogni estate con i miei genitori, ma dopo i 14 anni non ci (*io – andare*) _____ più.

2 Quando mio fratello (*andare*) _____ a scuola (*svegliarsi*) _____ sempre alle sette.

3 Mia madre (*sposarsi*) _____ quando (*avere*) _____ solo 21 anni.

4 Vedi quella banca? Quando ero bambino lì (*esserci*) _____ un ristorante dove (*andare*) _____ ogni domenica con i miei genitori.

5 Mio padre (*dire*) _____ sempre: "Non voglio animali in casa!", ma un giorno (*tornare*) _____ a casa con una scatola: dentro (*esserci*) _____ un piccolo gatto bianco e nero!

6 Ieri Giorgio non (*venire*) _____ al cinema perché (*uscire*) _____ con un suo amico di Milano che non (*vedere*) _____ da quasi 10 anni.

11 Passato prossimo e imperfetto

*Complete the sentences with the correct **passato prossimo** or **imperfetto** form of the verbs in brackets.*

1 Da piccolo (*io – vivere*) _____ in campagna, poi a 15 anni

(*trasferirsi*) _____ in città.

2 Lisa (*nascere*) _____ a Firenze, ma (*vivere*) _____

per molti anni a Bologna.

3 Mia nonna (*fare*) _____ sempre la pasta in casa.

4 Prima non mi (*piacere*) _____ ballare, poi un anno fa

(*fare*) _____ un corso di tango e così ora vado quasi tutti i fine

settimana a ballare.

5 Normalmente a casa (*cucinare*) _____ mia sorella maggiore

e mio padre. Mio padre (*essere*) _____ molto bravo a fare i dolci,

ma una volta (*fare*) _____ una torta così cattiva che alla fine

(*noi – avere*) _____ tutti il mal di pancia.

6 Tommaso (*abitare*) _____ per quattro anni a Palermo.

7 Livia (*andare*) _____ via da Napoli quando

(*avere*) _____ due anni, quindi non ricorda quasi niente della città.

8 Prima (*io – studiare*) _____ matematica, poi

(*cambiare*) _____ idea e adesso studio letteratura francese.

12 Passato prossimo o imperfetto

Read the following e-mail and <u>underline</u> the correct form of the verbs.

Caro Giovanni,
ma che fine **facevi / hai fatto**? È da tanto che non ti sento, ma per fortuna ho tue notizie
da Mario, il nostro ex compagno di classe. Mario mi **diceva / ha detto** che **ti laureavi / ti sei
laureato**. Complimenti! E pensare che a scuola non **eri / sei stato** proprio il primo della classe!
Ma da ragazzo non **studiavi / hai studiato** poi tanto, no? È vero che **ti sposavi / ti sei sposato**?
Tua moglie è quella ragazza bionda che ti **guardava / ha guardato** sempre quando
eravamo / siamo stati in biblioteca? Come **si chiamava / si è chiamata**... Rosa, Sara? Non riesco
a ricordare. Io **rimanevo / sono rimasto** single, anche allora questa **era / è stata** la mia filosofia,
ricordi? Ma per il futuro chissà, anche perché ultimamente **incontravo / ho incontrato**
una ragazza che mi piace davvero molto.
Mi farebbe molto piacere rivederti e fare quattro chiacchiere. Spero di avere presto tue notizie!
Un caro saluto, Michele

13 Passato prossimo e imperfetto

*Complete the text with the correct **passato prossimo** or **imperfetto** form of the verbs in brackets.*

Mi chiamo Francesco. (*Io – Nascere*) _____ a Catania il 16 giugno 2000.

A 13 anni (*io – trasferirsi*) _____ con la mia famiglia a Firenze per il lavoro

di mio padre. Mio padre (*lavorare*) _____ in una banca e nel 2013 (*avere*)

_____ l'opportunità di diventare il direttore di un'agenzia a Firenze,

e così (*noi – cambiare*) _____ città.

Cambiare città non è stato facile, io poi (*essere*) _____ molto timido, e non

(*avere*) _____ amici. (*Io – Passare*) _____ molto tempo da

solo a leggere, ma la mia vera passione (*essere*) _____ scrivere.

Il mio sogno (*essere*) _____ diventare uno scrittore. La mia fortuna (*essere*)

_____ quella di incontrare un professore di letteratura, al liceo, che mi

(*incoraggiare*) _____ molto e mi (*dare*) _____ fiducia nelle

mie capacità. E così mentre (*io – andare*) _____ a scuola, (*frequentare*)

_____ anche un corso serale di scrittura.

A 18 anni (*io – mandare*) _____ un mio racconto a un concorso

letterario e... (*vincere*) _____ il primo premio! Così (*io – decidere*)

_____ di parlare con i miei genitori e di comunicargli la mia decisione.

Ricordo che (*io – essere*) _____ molto nervoso e che mentre (*io – parlare*)

_____, mio padre mi (*interrompere*) _____ e mi (*dire*)

_____: "Non dirmi che vuoi fare lo scrittore!".

14 Pronomi diretti e passato prossimo

Complete the mini-dialogues with the direct pronouns and adding the final vowel of the past participles, as in the example.

❶ ■ Dove hai conosciuto Marta?

▼ L' ho conosciut_a_ a una festa.

❷ ■ Hai comprato il regalo per Federico?

▼ Sì, __ ho comprat__ ieri pomeriggio.

❸ ■ Chi ha mangiato i biscotti?

▼ ___ ha mangiat__ tutti Alice.

❹ ■ Hai visto lo smartphone di Azzurra?

▼ No, non __ ho vist__.

❺ ■ Perché le tue sorelle non verranno alla festa di Olga?

▼ Perché lei non __ ha invitat__.

❻ ■ Dove hai trovato i biglietti per il concerto?

▼ __ ho trovat__ su internet.

15 Pronomi diretti e passato prossimo
Complete the sentences with the direct pronouns and adding the final vowel of the past participles.

❶ Ieri ho incontrato Marcello e _____ ho invitat_____ a cena da noi sabato sera.

❷ Non trovo i miei occhiali. _____ hai mess_____ da qualche parte, per caso?

❸ ■ Prima di andare a Firenze dobbiamo chiedere la guida della città a tua madre.
   ▼ Non è necessario, _____ ho pres_____ io a casa sua ieri.

❹ È un film bellissimo, pensa che io e Guido _____ abbiamo vist_____ tre volte!

❺ ■ Hai chiamato Federica?
   ▼ No, non _____ ho ancora chiamat_____, ma lo faccio subito.

❻ Che belle scarpe! Quanto _____ hai pagat_____?

16 Pronomi diretti e passato prossimo
Match questions and answers, then complete the answers with the direct pronouns and the correct ending of past participles, as in the example.

❶ⓔ Hai fissato l'appuntamento dal medico?

❷○ Avete comprato i biglietti del concerto?

❸○ Giulio ha fatto la spesa?

❹○ Hai incontrato le tue amiche?

❺○ Avete prenotato il tavolo al ristorante?

❻○ Avete letto i libri?

❼○ Hai studiato l'imperfetto?

ⓐ Sì, ___ abbiamo pres___ online.

ⓑ No, non ___ abbiamo lett___.

ⓒ Sì, ma non ___ ho capit___ bene.

ⓓ No, non ___ ho incontrat___.

ⓔ Certo, _l'ho chiamat_o_ stamattina.

ⓕ Sì, ___ ha fatt___ stamattina.

ⓖ ___ ha prenotat___ Emma ieri.

17 Trasformazione
*Rewrite the following text using the **imperfetto** or the **passato prossimo**, then write your personal end for the story.*

Quando arrivo a Amsterdam è notte e la città è vuota e tranquilla. Sono in Olanda per la prima volta e per trovare l'albergo cerco l'indirizzo sullo smartphone. Ma improvvisamente il cellulare si spegne! Non so proprio cosa fare e allora…

Quando sono arrivato/a a Amsterdam…

13 COME SIAMO

1 Lessico

Complete the following descriptions. The gray boxes will give the continuation of a famous Italian saying.

1 Ha i ca _ _ _ _ _ _ _ li _ ☐ ☐.

2 Porta _ _ _ ☐☐☐ _ ☐ _.

3 Ha i c _ _ ☐ _ _ _ l _ _ _ _ _ _.

4 Ha i c ☐ _ _ _ _ _ _ r ☐ _ _ _.

5 Ha _ _ _ _ ☐ _.

6 È ☐ _ _ _ _ _.

7 Ha i c _ _ ☐ _ _ _ _ c o _ _ _ _.

> Soluzione: non è bello ciò che è bello,
> è bello ☐☐☐☐ ☐☐☐ ☐☐☐☐☐.

2 Lessico

Complete the sentences with the adjectives in the list. Remember to change adjective endings appropriately.

(aperto) (alto) (noioso) (riccio) (simpatico) (timido)

1 A me Barbara non sembra affatto socievole, anzi, secondo me è una persona _____.

2 Davvero trovi Niccolò divertente? A me sembra così _____!

3 A te Paola è antipatica? Mah, io invece la trovo _____.

4 Secondo te Jacopo è basso? Ma dai! È così _____!

5 Per me Valeria non è affatto una persona chiusa, anzi è proprio _____.

6 Guarda che ti sbagli, Laura non ha i capelli lisci, li ha _____.

3 Ascolto

29 ◗

Listen to the recording and insert the correct options in the boxes.
Some options can be in both boxes.

(divertente) (alto) (timido) (è del segno dell'Ariete)

(ha gli occhi verdi) (suona la chitarra)

GIORGIO	RAFFAELE

4 Lessico

*Complete the sentences with the opposite of the **highlighted** adjectives.*

❶ Angela legge un libro **noioso**. Io invece leggo un libro _____.

❷ Giorgio è **alto**, Claudio invece è _____.

❸ La madre di Sara ha i capelli _____, mia madre invece ha i capelli **corti**.

❹ I tuoi amici sono molto **simpatici**, invece Valentina ha solo amici _____.

❺ Flavio ha i capelli **ricci**, i suoi fratelli li hanno _____.

5 Passato prossimo

*Complete the sentences with the appropriate auxiliary (**avere** or **essere**).*

❶ Il film _____ finito da un'ora, ma ancora non mi _____ detto se ti _____ piaciuto.

❷ Manuela _____ dovuto lavorare fino alle 9:00 di sera.

❸ A che ora _____ finito il concerto?

❹ Nicole _____ venuta a Milano per fare un Master, poi _____ cominciato a lavorare e _____ rimasta in Italia per 15 anni.

❺ Samuele e Anna non _____ potuti uscire ieri sera.

❻ Gloria _____ deciso di sposarsi ad agosto perché anche i suoi genitori si _____ sposati in quel mese.

❼ Ragazzi, (*voi*) _____ assaggiato la torta che _____ fatto Roberta? A me _____ sembrata deliziosa.

6 Passato prossimo

*Complete the sentences with the appropriate auxiliary (**avere** or **essere**) and with the final vowel of the past participle.*

❶ Il concerto _____ finit___ molto tardi ieri.

❷ Tommaso, (*tu*) _____ già cominciat___ il nuovo lavoro?

❸ Stefano, (*tu*) _____ già finit___ di fare i compiti?

❹ Ieri sera (*io*) _____ finit___ di leggere il primo libro di Harry Potter e stamattina _____ già cominciat___ a leggere il secondo.

❺ Peccato, le vacanze _____ già finit___!

❻ Dai, sbrigati, il film non _____ ancora cominciat___!

❼ Incredibile! (*Lui*)_____ cominciat___ a mettere in ordine la cucina ieri e non _____ ancora finit___!

❽ I corsi _____ cominciat___ a settembre.

7 Passato prossimo

*Complete the text with the correct form of the **passato prossimo** of the verbs in brackets.*

Ieri Michela (*arrivare*) _____ tardi a teatro, perché

(*aspettare*) _____ l'autobus per 40 minuti. Lo spettacolo

(*cominciare*) _____ nel momento in cui lei (*entrare*)

_____ nel teatro, così non (*lei – potere*) _____

raggiungere la sua amica al posto prenotato. Allora (*lei – sedersi*) _____

al primo posto libero che (*lei – trovare*) _____.

Poco dopo (*arrivare*) _____ un ragazzo, anche lui in ritardo,

e (*sedersi*) _____ accanto a lei.

All'intervallo lui le (*chiedere*) _____ se lo spettacolo le piaceva.

Lei l'ha guardato bene e (*vedere*) _____ che era molto carino.

(*Lei – Rispondere*) _____ di sì, che lo spettacolo era bello.

(*Loro – Cominciare*) _____ a chiacchierare e Michela

(*dimenticarsi*) _____ della sua amica che l'aspettava.

Lei e il ragazzo (*andare*) _____ al bar del teatro insieme

e (*bere*) _____ un bicchiere di vino.

Quando l'intervallo (*finire*) _____, hanno lasciato il bar per tornare

ai loro posti, e in quel momento Michela (*sentire*) _____ qualcuno

che la chiamava. (*Lei – Girarsi*) _____ e

(*vedere*) _____ la sua amica, arrabbiatissima.

8 Passato prossimo

*Complete the sentences with the correct form of the **passato prossimo** of the verbs in brackets.*

❶ Paolo (*dovere*) _____ uscire dall'ufficio alle tre.

❷ Noi non (*potere*) _____ usare il computer per tutta la settimana.

❸ Perché non (*tu – volere*) _____ andare al cinema, ieri?

❹ Laura e Sara non (*potere*) _____ venire alla festa perché hanno un esame domani.

❺ Martina (*volere*) _____ studiare tutto il giorno.

❻ Mark e Thomas (*volere*) _____ prendere l'auto e sono arrivati in ritardo.

❼ Io non (*potere*) _____ partire perché c'è stato uno sciopero.

9 Molto

*Complete the sentences with the correct form of **molto**.*

❶ Elena è una donna _____ affascinante.

❷ Michele ha _____ amici, ma alcuni non sono _____ simpatici.

❸ Anna lavora in una scuola _____ lontana da casa sua.

❹ _____ anni fa, quando mia madre era giovane, questa parte della città non esisteva.

❺ Quest'auto non è _____ veloce, il viaggio sarà lungo: ci vorranno _____ ore per arrivare.

❻ Non ho _____ voglia di uscire e andare al cinema... Perché non guardiamo un bel film a casa?

10 Superlativo assoluto

Write the two superlative forms of the adjectives, as in the example.

❶ Luisa è felice. → Luisa è _molto felice._ / _felicissima._

❷ Rocco è sensibile. → Rocco è _____ / _____

❸ Anna e Sonia sono simpatiche. → Anna e Sonia sono _____ / _____

❹ I suoi amici sono seri. → I suoi amici sono _____ / _____

❺ Teresa è gentile. → Teresa è _____ / _____

❻ Gli studenti sono intelligenti. → Gli studenti sono _____ / _____

❼ Suo marito è timido. → Suo marito è _____ / _____

❽ La tua ragazza è divertente. → La tua ragazza è _____ / _____

11 Superlativo assoluto

Complete the sentences turning the adjectives in brackets into superlatives, as in the example.

❶ Mia sorella adesso ha i capelli corti, ma da piccola li aveva (*lungo*) _lunghissimi_ !

❷ In quel ristorante si mangia molto bene e i camerieri sono (*gentile*) _____.

❸ Oggi mamma è tornata a casa (*nervoso*) _____, forse è successo qualcosa al lavoro.

❹ Ti devo presentare Federico, ci conosciamo dal liceo, è un tipo (*simpatico*) _____!

❺ Daniela è (*timido*) _____, non andrebbe mai a una festa da sola.

12 Trasformazione

Rewrite the following texts turning the adjectives into superlatives.

1 Anita legge sempre
il giornale, è informata
e curiosa. Vive a Milano
e ha un lavoro interessante.

_____
_____
_____

2 Marta e Luisa sono
amiche, scrivono
per una rivista di moda,
sono eleganti e appassionate del loro lavoro.

_____
_____
_____

3 Ernesto è sportivo
e va sempre a lavorare
in bicicletta.
Ha molti amici,
è socievole e divertente.

_____
_____
_____

4 Aldo e Giacomo sono
fratelli, non lavorano,
sono in pensione.
Sono simpatici, ma pigri,
passano molto tempo a giocare a carte.

_____
_____
_____

13 Lessico

Complete the dialogue with the expressions in the list.

(perfetto)   (perché)   (volentieri)   (che programmi)   (vedere)   (sera)

(tempo)   (impegni)   (hai voglia di)

▼ Pronto?

■ Pronto, Stefania? Ciao, sono Marisa.

▼ Ah, ciao Marisa!

■ Senti, _____ hai per venerdì _____?

▼ Hmmm, per ora non ho _____. _____?

■ _____ venire all'Opera con me?

▼ Sì, _____, è da tantissimo _____ che non ci vado.
E senti, cosa andiamo a _____?

■ Il Rigoletto.

▼ Ah, _____! È la mia opera preferita.

14 Combinazioni

Who is talking to whom?

> Andiamo a vedere la mostra di Modigliani domenica mattina?

> Veramente pensavo di invitare un po' di gente a casa mia. Potresti venire anche tu, se vuoi.

> Senti, sabato sera ti va di andare al cinema?

> Senti, che ne dici di andare a ballare stasera?

> Mah, veramente sono un po' stanca. Oggi ho lavorato così tanto.

> Sì, volentieri. Tu però a che ora vorresti andarci? Perché sai, vorrei dormire un po'!

Andrea → _____   Anna → _____   Vincenzo → _____

15 Lessico

Select the correct answer. Please note that in some cases both answers are correct.

❶ Che ne dici di fare shopping?
- ⓐ◯ Mi dispiace, sono al verde.
- ⓑ◯ Perché invece non andiamo al museo?

❷ Hai voglia di andare al cinema?
- ⓐ◯ Sì, ho proprio voglia di fare un po' di shopping.
- ⓑ◯ Oh, sì, c'è un film di Sorrentino!

❸ Andiamo a correre nel parco?
- ⓐ◯ Veramente avrei un impegno.
- ⓑ◯ Volentieri, ho bisogno di fare un po' di sport.

❹ Dai, perché non mi accompagni in piscina?
- ⓐ◯ Oddio, con questo tempo?!
- ⓑ◯ Oddio, ma il lago è lontano!

❺ Ti va di chiamare Carlo?
- ⓐ◯ Che ne dici?
- ⓑ◯ Certo, lo faccio tra poco.

❻ Sei d'accordo se invitiamo Ida?
- ⓐ◯ No, dai, non la sopporto!
- ⓑ◯ Buona idea, è simpatica!

16 Combinazioni
Make up mini-dialogues, as in the example.

1 ⓒ Paola, che programmi hai per stasera?

2 ◯ Ragazzi, avete voglia di andare al cinema?

3 ◯ Viola, ti va di prendere un gelato?

4 ◯ Ho due biglietti per il concerto di sabato: vuoi venire?

5 ◯ Oggi vediamo la partita da Ivo: vieni anche tu?

6 ◯ Ti interessa la mostra di Picasso? Ho due biglietti!

ⓐ Magari, ma purtroppo sabato ho già un impegno. Perché non chiedi a Gloria?

ⓑ Certo! Lo sai che è il mio pittore preferito!

ⓒ Non so, forse stasera resto a casa.

ⓓ No, adesso non mi va. Perché invece non prendiamo qualcosa da bere?

ⓔ No, grazie, il calcio non mi interessa.

ⓕ Sì, va bene! Ma che film volete vedere?

17 Dialogo scombinato
Put the lines of the dialogue in the correct order, as in the example.

① Senti, allora ci vediamo sabato mattina?

◯ Hmmm, facciamo alle 10:30.

◯ E dove ci incontriamo?

◯ D'accordo, a sabato, allora.

◯ Ma no, dai, facciamo direttamente davanti al negozio.

③ Verso le 10:00?

◯ Mah, io direi di vederci alla fermata della metropolitana.

⑤ Sì, per me va bene.

◯ Ok, d'accordo, e a che ora?

18 *Stare* + gerundio
*Complete the sentences with **stare** + gerund, as in the example.*

1 Purtroppo le vacanze (*finire*) _____stanno finendo_____.

2 Ma tu mi (*ascoltare*) _____?

3 Ragazzi, cosa (*voi – fare*) _____?

4 Quel signore (*bere*) _____ un vino molto costoso.

5 Scusa, ora non posso parlare al cellulare, (*guidare*) _____.

6 Noi (*aspettare*) _____ Francesco e Laura da mezz'ora!

7 I tuoi amici (*dire*) _____ qualcosa, ma non riesco a sentire bene.

8 Il treno (*partire*) _____ in orario.

19 *Stare* + gerundio

*Make sentences with **stare** + gerund.*

Anita

Marta e Luisa

Luca

Licia

_____
_____   _____   _____   _____

Mattia

Aldo e Giacomo

Ernesto

Anna

_____   _____   _____   _____
_____   _____   _____   _____

20 *Stare* + gerundio

Complete the sentences, as in the example.

❶ La signora con la borsetta
_____ sta _____ _____ fumando _____.

❷ Gli ultimi due ragazzi _____ _____ fra loro.

❸ La signora con i capelli lunghi _____ _____ un tramezzino.

❹ Il signore anziano _____ _____.

❺ Il signore con gli occhiali e i capelli ricci _____ _____ il giornale.

❻ Il signore alla cassa _____ _____ i biglietti.

❼ Il tipo con i baffi _____ _____.

❽ La donna e il suo bambino _____ _____ un gelato.

❾ Il primo signore della fila _____ _____ al telefono.

❿ Tutti _____ _____ la fila.

CASA DOLCE CASA

1 Lessico

Complete the crossword puzzle. When you have finished you will find in the gray boxes the Italian word for "fan".

2 Lessico

Complete each word with the missing letters.

| sci | di | ci | di | va | re | te | mo | re | va | mo | di |

1 _____nolocale
2 ascenso_____
3 scri_____nia
4 _____vano
5 co_____dino
6 pi_____na

7 lavan_____no
8 giar_____no
9 cu_____na
10 _____rrazzo
11 lib_____ria
12 la_____trice

3 Ascolto

30 ◀))

Listen and decide whether the following sentences are true or false.

true   false

1 Giovanna ha trovato un appartamento a Torino.   ○ ○
2 Prima Giovanna viveva in un appartamento più piccolo.   ○ ○
3 Adesso Giovanna spende 850 € di affitto.   ○ ○
4 Giovanna vive con il suo ragazzo.   ○ ○
5 Giovanna non ha la macchina.   ○ ○
6 Nella zona dove abita Giovanna ci sono dei supermercati.   ○ ○

4 Numerali ordinali

Write the equivalent ordinal numbers in Italian, as in the example.

11°: _____undicesimo_____   29°: _____

14°: _____   31°: _____

17°: _____   42°: _____

23°: _____   65°: _____

26°: _____   90°: _____

5 Dialogo scombinato

Put the lines of the dialogue in order, as in the example. Sentences in the left column already are in the correct order.

1 ⓑ Allora, che impressione avete della nuova casa?

2 ◯ E tua moglie è contenta?

3 ◯ Perché?

4 ◯ Vivere in centro, in un condominio, è un bel cambiamento, eh, con i problemi del traffico, del parcheggio…

5 ◯ D'accordo, ma guarda che ci sono anche dei quartieri di periferia dove si trova tutto, pure le scuole.

6 ◯ Sì, però è anche vero che d'estate non puoi dormire con le finestre aperte!

7 ◯ Insomma, siete contenti…

a Be', sai, lei in fondo ha sempre vissuto in periferia in una villetta tranquilla.

b Buona, buonissima. Certo, non è ancora in ordine, però insomma… piano piano…

c In effetti può essere un problema. Noi però siamo fortunati perché l'appartamento è all'ultimo piano. Le camere da letto poi non danno sulla strada.

d Sì, però dai, vivere in centro ha anche i suoi vantaggi. Hai tutto vicino, negozi, servizi…

e Della casa? Sì, però non è ancora molto convinta della zona.

f Sì, certo, però pensa anche alla vita notturna. Qui in centro c'è vita, là invece…

g Sì, ripeto, molto!

6 Comparativi

Read the following descriptions, then complete the comparisons with the missing words.

ATTICO	APPARTAMENTO	VILLETTA	MONOLOCALE
Anno di costruzione: 1975	Anno di costruzione: 1975	Anno di costruzione: 2013	Anno di costruzione: 1982
Metri quadri: 90	Metri quadri: 120	Metri quadri: 120	Metri quadri: 40
Distanza dal centro: 10 km	Distanza dal centro: 5 km	Distanza dal centro: 30 km	Distanza dal centro: 10 km
Prezzo: 600.000 euro	**Prezzo: 600.000 euro**	**Prezzo: 350.000 euro**	**Prezzo: 150.000 euro**

❶ L'appartamento è _____ caro _____ monolocale.

❷ Il monolocale è _____ piccolo _____ attico.

❸ La villetta è grande _____ l'appartamento.

❹ L'attico è _____ grande _____ appartamento.

❺ Il monolocale è _____ economico _____ villetta.

❻ La villetta è _____ lontana dal centro _____ monolocale.

❼ L'attico è vecchio _____ l'appartamento.

❽ L'appartamento è _____ lontano dal centro _____ villetta.

❾ La villetta è _____ nuova _____ attico.

❿ L'attico è _____ vicino al centro _____ appartamento.

⓫ L'appartamento è caro _____ l'attico.

⓬ Il monolocale è lontano dal centro _____ l'attico.

7 Comparativi

Complete the comparisons with the missing words.

❶ ANTONIO: 178 cm · MARINO: 182 cm

Marino è _____ alto _____ Antonio.
Antonio è _____ alto _____ suo amico Marino.

❷ CASA DI MARIO: 120 mq · CASA DI VALERIA: 95 mq

La casa di Mario è _____ grande _____ casa di Valeria.
La casa di Valeria è _____ grande _____ quella di Mario.

❸ AUTO DI SONIA: anno 2017 · AUTO DI PAOLA: anno 2021

L'auto di Sonia è _____ vecchia _____ quella di Paola.
L'auto di Paola è _____ vecchia _____ auto di Sonia.

8 Comparativi

Compare the two elements, as in the example. Remember to change the adjective endings.

Esempio:
sala da pranzo / soggiorno · luminoso (+) *La sala da pranzo è più luminosa del soggiorno.*

❶ camera da letto / studio · spazioso (-)
_____

❷ cucina nuova / quella vecchia · colorato (+)
_____

❸ lavatrice / lavastoviglie · silenzioso (=)
_____

❹ questo quartiere / quartiere dove abitavo prima · rumoroso (+)
_____

❺ armadio / scrivania · antico (=)
_____

❻ mio appartamento / quello di Sara · elegante (-)
_____

❼ nostra camera / camera dei bambini · buio (+)
_____

❽ questo bagno / quello · piccolo (=)
_____

9 Condizionale presente

*Complete the sentences with the correct form of the **condizionale presente** of the verbs in brackets.*

❶ (*Io – Preferire*) _____ una casa con il giardino.

❷ Marco e Laura (*comprare*) _____ un appartamento,
ma non hanno abbastanza soldi.

❸ A molte persone (*piacere*) _____ una casa con la piscina.

❹ Al piano di sotto (*noi – volere*) _____ avere una palestra.

❺ (*Essere*) _____ bello avere un divano a quattro posti.

❻ Con un orto (*tu – coltivare*) _____ verdura e frutta fresche.

❼ (*Voi – Avere*) _____ bisogno di una casa più grande.

❽ (*Io – Desiderare*) _____ tanto un attico con una grande terrazza.

❾ Con una casa più spaziosa (*noi – fare*) _____ delle feste ogni tanto.

❿ La mia casa ideale (*dovere*) _____ avere una cucina enorme.

10 Condizionale presente

*Complete the e-mail with the correct form of the **condizionale presente** of the verbs in the list. The verbs are not in the correct order.*

avere | costare | dovere | essere | piacere | venire | vivere | volere

```
● ● ●                                                              ⊖

Teresa,
mi spiace, ma domenica non possiamo venire a Napoli per la tua festa, ci _____ molto,
ma purtroppo questo fine settimana ci sono i miei suoceri ospiti a casa nostra. Dico purtroppo,
ma in verità voglio molto bene ai genitori di Carlo, e sia io che Carlo _____ vederli più
spesso, ma casa nostra è così piccola, e avere gente che dorme nel soggiorno è un po' pesante.
_____ bello avere un appartamento più grande, magari un attico con una grande
terrazza, con due camere da letto, così i miei suoceri _____ una stanza tutta per loro
quando vengono da Pavia. Certo, _____ cambiare quartiere, perché un attico così
grande nel centro di Roma _____ una fortuna, ma _____ molto meglio,
e poi sono sicura che anche voi _____ a Roma più spesso, con una stanza sempre
a disposizione a casa nostra.
Mi dispiace molto di non essere lì per il tuo compleanno. Ci sentiamo domenica mattina.
Baci
Annamaria
```

11 Condizionale presente

*Make up mini-dialogues and then conjugate the verbs in brackets in the **condizionale presente**, as in the example.*

❶ d Abito in una zona centrale, ma molto rumorosa.

❷ ○ Cerco casa. Mi piacciono i fiori e le piante, ma non voglio vivere in campagna.

❸ ○ Per arrivare al lavoro da casa mia ci vogliono almeno 40 minuti, se non c'è traffico…

❹ ○ Mio figlio vuole andare a vivere da solo, ma non ha i soldi per pagare l'affitto.

❺ ○ A me e mio marito piacerebbe cambiare il colore delle pareti di casa, ma non sappiamo che tonalità scegliere.

❻ ○ Ho visto un appartamento bellissimo, ma un po' troppo caro.

ⓐ (*Dovere*) _____ prendere un appartamento con giardino o un terrazzo.

ⓑ Forse (*potere*) _____ pitturare ogni stanza di un colore diverso.

ⓒ Penso che prima (*dovere*) _____ trovare un lavoro.

ⓓ Al posto tuo, (*cercare*) _cercherei_ un appartamento in un quartiere più tranquillo.

ⓔ Il proprietario non (*potere*) _____ abbassare un po' il prezzo?

ⓕ Non (*potere*) _____ cercare un appartamento più vicino all'ufficio?

12 Condizionale presente

*Complete the dialogue with the correct form of the **condizionale presente** of the verbs in brackets.*

■ Io (*volere*) _____ tanto vivere in campagna: (*dormire*) _____

benissimo, (*rilassarsi*) _____ e (*avere*) _____ un orto.

Mio marito invece (*odiare*) _____ vivere in campagna, (*diventare*)

_____ pazzo. I miei figli però (*divertirsi*) _____ a giocare fuori

e (*respirare*) _____ aria pura. Alla fine noi (*essere*) _____ tutti

meno stressati e (*fare*) _____ una vita più sana.

▼ È vero, voi (*avere*) _____ molti vantaggi vivendo in campagna. Però (*essere*)

_____ più isolati e (*passare*) _____ molto tempo da soli.

Tu poi (*dovere*) _____ alzarti prestissimo la mattina per andare al lavoro e

certamente non (*uscire*) _____ tutte le sere, come fai adesso.

13 Condizionale presente

*Complete the mini-dialogues with the correct form of the **condizionale presente** of the verbs in brackets.*

❶ ■ (*Io – Avere*) _____ bisogno di un armadio, ma ho pochi soldi.

▼ Al posto tuo (*io – cercare*) _____ tra i mobili usati.

❷ ■ A casa nostra fa troppo caldo in estate, secondo te che cosa (*noi – potere*) _____

fare?

▼ (*Voi – Dovere*) _____ mettere l'aria condizionata.

❸ ■ I vicini del mio ragazzo fanno feste tutte le sere!

▼ (*Lui – Dovere*) _____ chiamare la polizia.

❹ ■ Il mio coinquilino non pulisce mai il bagno. Al posto mio tu che (*fare*) _____?

▼ (*Io – Trovare*) _____ un nuovo coinquilino!

❺ ■ Mi (*piacere*) _____ abitare in una zona più tranquilla.

▼ (*Tu – Potere*) _____ trasferirti in campagna.

❻ ■ I miei amici (*volere*) _____ avere un animale in casa.

▼ (*Potere*) _____ prendere un gatto.

❼ ■ Io e mia moglie (*volere*) _____ cambiare il colore delle pareti.

▼ (*Voi – Dovere*) _____ scegliere un colore chiaro.

❽ ■ (*Io – Volere*) _____ comprare una casa, ma non ho abbastanza soldi.

▼ (*Tu – Potere*) _____ chiedere un prestito.

14 Il *ci* locativo

Specify what **ci** *refers to in the following sentences, as in the example.*

> Esempio:
> L'appartamento di Luca è molto bello, **ci** sei stato?   ci = _nell'appartamento_

❶ Non mi piace il quartiere dove vive Marta,   ci = _____
io non **ci** abiterei.

❷ Ho comprato una casa con il giardino, **ci** vado   ci = _____
a vivere a settembre.

❸ Ieri ho visto un attico bellissimo vicino a casa tua.   ci = _____
Domani **ci** torno per fare qualche foto, vieni con me?

❹ Hai visto le fotografie che hanno fatto a Sorrento?   ci = _____
Sono bellissime, l'anno prossimo **ci** vado anch'io.

❺ A casa hanno una grande terrazza, in estate   ci = _____
ci mangiano tutte le sere.

15 Pronomi diretti e *ci* locativo

*Complete the sentences with the direct pronouns (**lo, la, li, le**) or with **ci**.*

❶ ■ Conosci quel ristorante davanti a casa tua?

  ▼ Sì, _____ conosco, ma non _____ sono ancora andato a mangiare.

❷ ■ Ma domani sera vieni al cinema con noi o no?

  ▼ Sì, _____ vengo di sicuro!

❸ ■ Conosci quelle ragazze?

  ▼ Sì, _____ ho conosciute a Milano, quando _____ sono andato per lavoro.

❹ Ho vissuto a Bologna quando ero piccolo; tra una settimana _____ tornerò per lavoro
e sicuramente _____ troverò molto diversa.

❺ Questo appartamento è di mio padre: non _____ vengo spesso, ma non _____ voglio
dare in affitto.

❻ Quella villa è molto bella, ma non _____ vive nessuno da molti anni: mio padre _____
voleva comprare, ma poi ha cambiato idea perché è troppo costosa.

16 Pronomi diretti e *ci* locativo

Complete the sentences with the direct pronouns or with ci.

❶ ■ Hai visto il nuovo appartamento di Marco?

▼ No, non ____ ho ancora visto, ma ____ vado domani.

❷ ■ Che cosa mettete in questa stanza?

▼ ____ mettiamo la camera dei bambini.

❸ Hanno aperto una pizzeria qui vicino, ____ consigliano tutti: ____ andiamo?

❹ Sono stato negli Stati Uniti, ma ____ vorrei tornare perché non ____ conosco ancora bene.

❺ Sono delle belle case e ____ vendono a un buon prezzo, ma non ____ andrei mai a vivere, sono troppo isolate.

❻ Conosco bene questa città, ____ passavo sempre le vacanze da bambino. ____ adoro!

17 Trasformazione

Rewrite the sentences following the example.

> Esempio:
> Dovresti ristrutturare il bagno.
> **a** (*Potere*) _Potresti ristrutturare il bagno._
> **b** Io al posto _tuo ristrutturerei il bagno._

❶ Potrebbe pitturare le pareti di bianco.

a (*Dovere*) _____

b Io al posto _____

❷ Giovanna e Matteo dovrebbero comprare casa invece di stare in affitto.

a (*Potere*) _____

b Io al posto _____

❸ Potresti mettere delle piante sul balcone.

a (*Dovere*) _____

b Io al posto _____

❹ Dovreste comprare un frigorifero nuovo.

a (*Potere*) _____

b Io al posto _____

15 VIVERE IN ITALIA

1 Lessico

Form the expressions matching the verbs on the left with the words on the right, as in the example.

1 ○ assaggiare   a le cittadine meno conosciute

2 ○ esplorare   b a voce alta

3 g apprezzare   c il bucato

4 ○ fare   d il cellulare

5 ○ fare   e in contanti

6 ○ fare   f la fila

7 h gustare   g lo sforzo

8 ○ pagare   h piatti tipici

9 ○ parlare   i pratica

10 ○ spegnere   l l'affogato

2 Lessico

Complete the sentences with the words in the list.

affronto	canottiere	cena	cibo	gusto	contanti	fontane

patria	piatti	scoperta	spalle	sforzo	vestiti

1 L'Italia non è solo Firenze, Venezia e Roma. Parti alla _____ dell'Italia vera.

2 In Italia puoi visitare molte chiese: metti _____ appropriati, copri le _____ e le gambe e non entrare con pantaloni corti, _____ e in generale vestiti troppo corti!

3 Prova a usare la lingua! Gli italiani apprezzano moltissimo lo _____.

4 L'Italia non è solo pasta e pizza. In ogni regione, in ogni città e paese il _____ è diverso e vario. Prima di visitare un posto nuovo in Italia, ricerca quali sono i _____ tipici e scopri cibi nuovi.

5 Finisci il pasto con un bel caffè, ma non chiedere assolutamente un cappuccino dopo pranzo o dopo _____, per gli italiani è quasi un _____! Il cappuccino è per la colazione.

6 L'Italia è la _____ del gelato, prova ogni giorno un _____ diverso.

7 Bevi l'acqua delle numerose _____ sparse per le città, in particolare a Roma: è potabile!

8 Molti negozi, ristoranti e bar non accettano carte di credito. Porta con te sempre un po' di _____.

3 Ascolto

31 ((▶

Listen to the recordings and match each dialogue to the corresponding recommendation, as in the example.

a○ | Non chiedere un cappuccino dopo pranzo o dopo cena, per gli italiani è molto strano!

b○ | L'Italia non è solo pasta e pizza: prima di visitare un posto nuovo, ricerca quali sono i piatti tipici!

c① | Non entrare in chiesa con pantaloni corti, canottiere e in generale vestiti troppo corti!

d○ | Prova a usare la lingua italiana! Gli italiani apprezzano molto lo sforzo.

e○ | L'Italia è la patria del gelato, prova ogni giorno un gusto diverso!

f○ | Nei musei, nelle chiese e all'interno dei monumenti, spegni il cellulare.

4 Imperativo singolare informale

*Complete the sentences with the correct form of the **imperativo singolare informale ("tu")** of the verbs in brackets.*

Mentre sei in Italia...

❶ (*visitare*) _____ la Sicilia.

❷ (*scoprire*) _____ l'Italia vera!

❸ non (*dimenticare*) _____ di chiamare i tuoi genitori ogni tanto.

❹ (*assaggiare*) _____ il gelato e la granita!

❺ non (*perdere*) _____ occasione per gustare un buon caffè!

❻ (*viaggiare*) _____ in treno.

❼ non (*parlare*) _____ sempre inglese, (*imparare*) _____ un po' di italiano.

❽ (*dormire*) _____ negli ostelli se vuoi risparmiare.

❾ (*postare*) _____ sui social le foto del viaggio.

❿ (*scegliere*) _____ sempre ristoranti dove mangiano gli italiani, non (*mangiare*) _____ nei posti turistici.

⓫ non (*ordinare*) _____ l'insalata come antipasto: è un contorno!

⓬ se fai dei viaggi, non (*fissare*) _____ un itinerario rigido, (*decidere*) _____ giorno per giorno dove vuoi andare.

5 Trasformazione

*Rewrite the list of recommendations using the **imperativo singolare informale** ("tu"),
as in the example.*

Consigli per migliorare il tuo italiano quando sarai a Roma:

➊ leggere i giornali italiani   _Leggi i giornali italiani._

➋ non frequentare solo altri stranieri   _____

➌ abitare con una famiglia italiana   _____

➍ non evitare le occasioni per parlare italiano   _____

➎ non passare troppo tempo da solo   _____

➏ guardare la TV italiana   _____

➐ trovare amici italiani   _____

➑ mettere un annuncio per uno scambio di conversazione   _____

➒ ascoltare musica italiana   _____

➓ nei musei scegliere un'audioguida in italiano   _____

---

6 Imperativo singolare informale

*Complete the text with the corrects form of the **imperativo singolare informale** ("tu") of the verbs
in brackets.*

Agenzia Bell'Italia

Conosci già Roma, Firenze, Venezia e vuoi visitare città e luoghi speciali dell'Italia?
(*Prendere*) _____ le valigie e (*partire*) _____ alla scoperta
dell'Italia più vera!
(*Scoprire*) _____ le città storiche come Ferrara, Treviso, Spoleto, Ostuni,
Noto e molte altre! (*Scegliere*) _____ l'itinerario che preferisci, al Nord,
al Centro o al Sud. Da noi trovi tutte le informazioni e i consigli utili dove passare
una vacanza indimenticabile tra i sapori e i colori dell'Italia.
(*Venire*) _____ a trovarci nelle nostre sedi della tua città o
(*visitare*) _____ il nostro sito: trovi le offerte, le occasioni e le opzioni
per tutti i prezzi e tutti i gusti!
(*Viaggiare*) _____ senza pensieri, (*pensare*) _____
solo al viaggio!

---

7 Trasformazione

*Rewrite the list of recommendations using the **imperativo plurale** ("**voi**"), as in the example.*

Consigli per migliorare il vostro italiano quando sarete a Roma:

1 leggere i giornali italiani   <u>Leggete i giornali italiani.</u>

2 non frequentare solo altri stranieri   _____

3 abitare con una famiglia italiana   _____

4 non evitare le occasioni per parlare italiano   _____

5 non passare troppo tempo da solo   _____

6 guardare la TV italiana   _____

7 trovare amici italiani   _____

8 mettere un annuncio per uno scambio di conversazione   _____

9 ascoltare musica italiana   _____

10 nei musei scegliere un'audioguida in italiano   _____

8 Imperativo plurale (*voi*)

*Rewrite the following recommendations using the **imperativo plurale** ("**voi**"), as in the example.*

1 Parti alla scoperta dell'Italia vera, esplora le cittadine e i paesi meno conosciuti.
<u>*Partite alla scoperta dell'Italia vera...*</u>

2 Per entrare nelle chiese metti vestiti appropriati, copri le spalle e le gambe e non indossare pantaloni corti.

_____

3 Nei musei, nelle chiese e all'interno dei monumenti spegni il cellulare e non parlare a voce alta.

_____

4 Prova a usare la lingua!

_____

5 Ricerca quali sono i piatti tipici e scopri cibi nuovi.

_____

6 Finisci il pasto con un bel caffè, ma non chiedere assolutamente un cappuccino dopo pranzo o dopo cena.

_____

7 Prova ogni giorno un gusto di gelato diverso e assaggia l'affogato.

_____

8 Porta con te sempre un po' di contanti.

_____

9 Lessico

Complete the e-mail with the words in the list.

accogliere	occasione	ospitalità	ospitante	periodo

registrazione	richieste	scambio	singoli	soggiorni	volte

Da: baldi@hotmail.com   A: mary65@gmail.com   Oggetto: camera disponibile per studenti

Buongiorno Marina,
come ti dicevo al telefono, ho avuto i tuoi contatti da Teresa Mantovani che già da diversi
anni collabora con voi come famiglia _____. Mi ha detto che quest'anno avete
molte _____ per _____ in famiglia e io sarei interessato a dare
_____ a uno o due studenti stranieri, per un _____ di tre mesi,
una o due _____ l'anno. Sarebbe sicuramente una bella esperienza e anche
una buona _____ per fare un po' di _____ di conversazione e
magari migliorare il mio inglese. Ho un appartamento abbastanza grande, intorno ai 100
metri quadrati, con due camere da letto e due bagni. Io vivo solo, quindi potrei usare l'altra
camera per _____ gli studenti. La camera è abbastanza grande, ci sono due letti
_____, due scrivanie e un grande armadio. Teresa mi ha detto che dovrei compilare
un modulo di _____ con i miei dati e le informazioni sull'appartamento. Potresti
mandarmelo via e-mail o devo venire a compilarlo presso la vostra scuola?
Grazie mille, a presto,
Carlo Baldi

---

10 Imperativo

*Complete the sentences conjugating the verbs in brackets in the **imperativo singolare ("tu")** or **plurale ("voi")**.*

❶ (*Tu – Bere*)
_____ molta acqua.

❷ (*Tu – Andare*)
_____ a Lecce.

❸ (*Tu – Avere*)
_____ pazienza!

❹ (*Voi – Fare*)
_____ attenzione!

❺ (*Tu – Dire*)
_____ quello che pensi.

❻ (*Voi – Dare*)
_____ una mano a Marta!

❼ (*Tu – Stare*)
_____ attento!

❽ (*Tu – Essere*)
_____ un po' più avventuroso!

❾ (*Voi – Bere*)
_____ meno caffè!

❿ (*Voi – Stare*)
_____ tranquilli!

⓫ (*Tu – Dare*)
_____ il gelato a Luca.

⓬ (*Voi – Dire*)
_____ a Giulio di chiamarmi!

⓭ (*Voi – Andare*)
_____ a fare la spesa.

⓮ (*Tu – Fare*)
_____ la fila.

11 Imperativo

*Complete the sentences conjugating the verbs in brackets in the **imperativo singolare ("tu")** or **plurale ("voi")**.*

❶ Bambini, (*voi – lavarsi*) _____ le mani prima di mangiare!

❷ Roberta, (*tu – alzarsi*) _____, è tardi, dobbiamo essere a lezione prima delle 9:00! (*Sbrigarsi*) _____!

❸ Maurizio, (*tu – mettersi*) _____ un vestito elegante, almeno per stasera!

❹ Paola, non (*tu – dimenticarsi*) _____ di chiudere la porta a chiave prima di uscire!

❺ Prego, Fabio, (*tu – sedersi*) _____ sulla poltrona e (*tu – rilassarsi*) _____: ancora abbiamo tempo prima della partenza.

12 Imperativo

*Complete the text with correct form of the **imperativo singolare formale ("tu")** of the verbs in brackets. Pay attention: some verbs are in the negative form.*

Come superare lo shock culturale?

Prima di tutto (*sapere*) _____ che è normale se ti senti un po' in difficoltà o se ti manca la tua famiglia, ma non (*dimenticarsi*) _____ del lato buono delle cose, (*pensare*) _____ positivo! (*Ricordarsi*) _____ della bellezza di vivere all'estero, della possibilità di fare un'esperienza unica.

Anche se hai qualche difficoltà con la lingua, (*cercare*) _____ di far parte della vita sociale del luogo. Se hai tanti impegni, hai meno tempo per pensare a eventuali problemi o sentimenti negativi. Non (*restare*) _____ sempre in casa.

(*Riempire*) _____ la tua agenda: (*partecipare*) _____ ad attività, (*seguire*) _____ un corso di teatro o di musica, (*praticare*) _____ uno sport.

In questo modo puoi fare nuove amicizie e vincere la solitudine.

Quando ti senti solo o triste, (*chiedere*) _____ aiuto ai tuoi nuovi amici oppure (*fare*) _____ una telefonata alla tua famiglia.

Per fortuna oggi è semplice restare in contatto anche se si vive in Paesi lontani!

Infine, un ultimo suggerimento: quando ti senti stressato e tutto sembra molto difficile, (*prendersi*) _____ un po' di tempo per te stesso; (*andare*) _____ in un luogo che ti piace (ad esempio una caffetteria o un parco) e (*organizzare*) _____ i tuoi pensieri con tranquillità.

da www.studyglobal.it

13 Imperativo e pronomi

*Answer affirmatively or negatively using the **imperativo** and the appropriate pronouns, as in the example.*

> Esempio:
> Prendo un altro gelato?
> **a** Ma sì, prendilo.
> **b** No, non prenderlo / non lo prendere.

1 Faccio il bucato?
a _____
b _____

2 Assaggio i cannelloni?
a _____
b _____

3 Condisco l'insalata?
a _____
b _____

4 Vado allo stadio domenica?
a _____
b _____

5 Ospito gli studenti americani?
a _____
b _____

6 Faccio la fila?
a _____
b _____

7 Telefono al medico?
a _____
b _____

8 Porto le medicine?
a _____
b _____

14 Imperativo e pronomi

*Complete the sentences with the **imperativo** and the pronouns, as in the example.*

comprare / lo | ~~assaggiare / li~~ | prenotare / li | lavare / li | invitare / la

telefonare / ci | bere / lo | attraversare / la | mandare / ci

1 Questi spaghetti sono buonissimi! ___Assaggiateli!___

2 Ragazzi, quando arrivate, _____ o _____ un messaggio!

3 Elena, se ti piace quel libro, _____!

4 Se volete trovare i biglietti del concerto, _____ subito!

5 Vedi quella piazza? _____ e trovi la fermata dell'autobus.

6 Papà, questi pantaloni non sono sporchi, non _____ oggi!

7 Ti piace Claudia? Allora _____ alla festa!

8 Questo vino non è buono, non _____!

15 Imperativo e pronomi

*Rewrite the sentences using the **imperativo**, as in the example. Remember that pronouns must be placed elsewhere.*

> Esempio:
> Lo devi portare a casa
> Portalo a casa!

1 Mi devi dare un consiglio.

_____

2 Non vi dovete preoccupare.

_____

3 Ne dovete prendere un altro.

_____

4 La devi assaggiare.

_____

5 Mi devi fare un favore.

_____

6 Non ti devi scoraggiare.

_____

7 Li dovete spegnere.

_____

8 Non le devi ospitare.

_____

9 Ci devi andare.

_____

10 Gli devi stare vicino.

_____

11 Le dovete dare una mano.

_____

12 Non ci dovete tornare.

_____

13 Ne devi fare due.

_____

14 Vi dovete svegliare.

_____

16 Imperativo e pronomi

*Complete the sentences with the correct form of the **imperativo singolare ("tu")** of the verbs in brackets.*

1 Sara, (*dire – a me*) _____ una cosa: è vero che Paolo si è trasferito a casa di sua madre?

2 Laura, se vedi Antonio, (*dare – a lui*) _____ questo maglione, l'ha dimenticato a casa mia ieri.

3 Federico, se non hai fatto colazione, (*fare – la*) _____ prima di partire, perché in viaggio non ci fermiamo fino all'ora di pranzo.

4 Edoardo, (*fare – a me*) _____ un favore… (*Stare*) _____ calmo per almeno cinque minuti!

5 Leone, io in vacanza con Giorgio non ci vado, (*sapere – lo*) _____!

6 Non sei andato ancora in farmacia? (*Andare – ci*) _____ subito, tra poco chiude!

D TEST

TOTALE ____ /100

1 Trasformazione

_/24

*Rewrite the e-mail changing it from present to past tense. Use the **passato prossimo** and the **imperfetto**. Please note that each verb is worth 2 points (tense and form).*

○○○   ⬭

Cara Giulia, come stai? Carlo e io siamo in vacanza in Marocco, per il mio compleanno! Siamo a Marrakech, una città molto interessante anche se un po' turistica! In genere la mattina ci svegliamo presto perché fa molto caldo. Visitiamo i monumenti antichi e facciamo sempre un giro al mercato per comprare la frutta. Il giorno del mio compleanno facciamo un'escursione molto bella, andiamo nel deserto: di giorno visitiamo dei villaggi antichi e vediamo delle oasi, la sera ceniamo fra le dune e poi dormiamo in tenda! A presto, Maria

Cara Giulia, come stai? L'estate scorsa Carlo e io...

2 Passato prossimo e pronomi diretti

_/21

Answer the questions completing each sentence with a direct pronoun and adding the final vowel of the past participle, as in the example.

❶ Hai comprato i tortellini?   Sì, __li__ ho comprat_i_.

❷ Hai visto la mostra di Picasso?   No, non _____ ho vist_____.

❸ Hai sentito Giulio?   Sì, _____ ho sentit_____ ieri.

❹ Chi ha preso i biglietti?   _____ ho pres_____ io.

❺ Avete chiamato le vostre sorelle?   No, ancora non _____ ho chiamat_____.

❻ Avete conosciuto Giulio e Elena?   Sì, _____ ho conosciut_____ sabato scorso.

❼ Hai preso la nave per la Sardegna?   Sì, _____ ho pres_____ dal porto di Livorno.

3 Stare + gerundio

_/15

*Change the sentences using **stare** + gerund, as in the example. Please note that the correct form of the verb **stare** is worth 1 point, while the **gerundio** is worth 2 points.*

❶ Carlo dorme.   *Carlo sta dormendo.*

❷ Giulia dice la verità.   _____

❸ Loro fanno i compiti.   _____

❹ Sara pulisce la casa.   _____

❺ Mirko e Andrea vanno via.   _____

❻ Non capisco quello che dici.   Non capisco _____

4 Condizionale

`___/7`

*Complete the sentences with the correct **condizionale presente** form of the verbs in brackets.*

❶ Ti (*piacere*) _____ abitare in campagna?

❷ Laura e Marco (*volere*) _____ comprare una casa più grande.

❸ Giulia e Carlotta sono troppo stressate. (*Loro – Dovere*) _____ andare in vacanza!

❹ Con più soldi, noi (*viaggiare*) _____ più spesso.

❺ Marco non parla bene inglese. (*Lui – Potere*) _____ trasferirsi in Inghilterra per sei mesi.

❻ Luca vuole comprare uno smartphone. Al posto suo io (*cercare*) _____ su Amazon.

❼ (*Voi – Volere*) _____ abitare in centro?

5 Comparativi

`___/9`

Make comparisons, as in the example, using prepositions with articles where appropriate.

❶ Il fiume Mississippi (3.730 km) / il fiume Tevere (405 km) / corto

Il fiume Tevere è _più corto del_ fiume Mississippi.

❷ Francia (67 milioni di abitanti) / Italia (60 milioni di abitanti) / popolato

L'Italia è _____ Francia.

❸ Il Colosseo (48 metri) / La Torre di Pisa (56 metri) / alto

La Torre di Pisa è _____ Colosseo.

❹ Carlo (178 cm) / Marta (183 cm) / alto

Marta è _____ Carlo.

6 Imperativo plurale

`___/12`

*Complete the sentences conjugating the verbs in brackets in the **imperativo plurale** ("voi").*

> **Consigli pratici per viaggiare negli USA – Prima di partire:**
>
> ❶ (*Andare*) _____ in banca e (*verificare*) _____ se la vostra
> carta di credito funziona negli Stati Uniti.
>
> ❷ In banca (*prendere*) _____ un po' di dollari.
>
> ❸ Per entrare negli USA è necessario avere un passaporto elettronico. Se non lo avete,
> (*chiedere*) _____ informazioni alla polizia in Italia.
>
> ❹ Non (*dimenticare*) _____ di avere tutti i documenti necessari:
> (*ricordare*) _____ di compilare online il modulo per la richiesta dell'ESTA.

7 Imperativo singolare e pronomi

`___/12`

*Answer the questions affirmatively or negatively using the **imperativo singolare** ("tu") and the appropriate pronouns.*

❶ ■ Compro il latte?
   ◆ No, _____

❷ ■ Vado a teatro domenica?
   ◆ Sì, _____

❸ ■ Prendo i libri?
   ◆ No, _____

❹ ■ Do la mancia?
   ◆ Sì, _____

❺ ■ Faccio la fila?
   ◆ No, _____

❻ ■ Ospito delle studentesse spagnole?
   ◆ Sì, _____

KEY TO THE TESTS

TEST A

1 Articoli determinativi e sostantivi
(ogni elemento = 1 punto)
1 la, le sedie; **2** lo, gli scrittori; **3** il, i limoni; **4** l', gli antipasti; **5** l', le attrici; **6** le, la lezione; **7** gli, l'ospedale; **8** i, il nome; **9** gli, lo studente; **10** le, l'impiegata

2 Articoli determinativi e indeterminativi
(ogni elemento = 1 punto)
a un', uno, Il, il, la, il, gli; **b** il, un, Il, un, un, la, il, un

3 Presente indicativo
(ogni elemento = 1 punto)
stai, sono, Conosci, È, vado, piace, sono, ho, faccio, visitiamo, facciamo, siamo, andiamo, prendiamo, resto, vado, vanno, preferisco, piacciono, so

4 *Sapere* e *conoscere* (ogni elemento = 1 punto)
1 sa; **2** conosci; **3** so; **4** conoscete; **5** Sapete

5 Interrogativi (ogni elemento = 1 punto)
1 Come; **2** Di dove; **3** Perché; **4** Quando; **5** Che cosa; **6** Dove; **7** Che cosa; **8** Quanti; **9** Qual; **10** Come

6 Trasformazione (ogni elemento modificato = 2 punti)
■ Buongiorno, sono Marco Berio.

▼ Piacere, Dana Jones, sono inglese. Lei è italiano?

■ No, sono argentino, ma lavoro in Italia.

▼ Che lavoro fa?

■ Sono traduttore, e Lei?

▼ Io studio all'università.

■ Dove studia?

▼ All'Università per stranieri. Sa dov'è?

■ Sì, è qui vicino. Conosce Maria Parisi?

▼ Sì, certo, è la mia insegnante.
Perché conosce Maria?

■ È la mia insegnante privata.

▼ Che coincidenza!

■ Prende un caffè con me?.

▼ Volentieri, grazie. Quale bar preferisce?

■ È lo stesso.

TEST B

1 Presente indicativo (ogni elemento = 1 punto)
vanno, vogliono, Hanno, finiscono, partono, dormono, mangiano, resta, legge, prepara, è, fa, lavora, devono

2 Aggettivi (ogni elemento = 1 punto)
magnifica, politico, strana, principale, elegante, grande, antiche, famosa, rinascimentale, grande

3 *C'è / ci sono* (ogni elemento = 1 punto)
c'è, ci sono, c'è, ci sono, ci sono, c'è

4 Preposizioni (ogni elemento = 1 punto)
a, per, in, in, a, Nell', delle, sul, nel, del, nei, al, in, a, nella, A

5 L'ora e gli orari (ogni elemento = 1 punto)
1 mezza/mezzo/trenta; **2** È; **3** venti; **4** a; **5** dalle, all'; **6** le, meno; **7** alle, e; **8** a, quarto

6 Passato prossimo (ogni ausiliare e participio passato = 1 punto ciascuno)
1 hai fatto, sono stato, ho cucinato, è venuta, abbiamo cenato; **2** sono andati, Sono stati, Hanno visitato, hanno passato; **3** hai letto, è piaciuto; **4** avete scritto, abbiamo avuto, abbiamo studiato; **5** Avete visto, sono partiti; **6** sei rimasta, è stata; **7** sei andata, Ho preso; **8** hai messo

TEST C

1 Trasformazione (ogni elemento evidenziato = 1 punto)

È Gloria, abita a Roma. La mattina si sveglia alle 7:00, fa colazione, si veste ed esce verso le 8:00. Va a lavorare in bicicletta. Comincia a lavorare alle 8:30 e finisce alle 16:30. Il lavoro è interessante ma si stanca molto, così la sera quando torna a casa si riposa, legge o guarda la televisione. Durante il fine settimana vuole divertirsi [si vuole divertire], sta con gli amici e spesso va al cinema o a teatro.

2 Aggettivi possessivi (ogni elemento = 1 punto)

il mio, la mia, mia, la sua, i nostri, le sue, i miei, Mio, mia, il loro, i nostri

3 Pronomi diretti e particella *ne*

(ogni elemento = 1 punto)

le, ne, la, lo, Ne, la, le, Le

4 Passato prossimo dei verbi riflessivi

(ogni elemento = 1 punto)

1 si è trasferita; **2** mi sono svegliato/a; **3** si è laureato; **4** si sono sposati; **5** ci siamo incontrati; **6** Vi siete divertiti/e

5 Futuro (ogni elemento = 1 punto)

1 finiremo, faremo; **2** dovranno; **3** verrete; **4** andrà; **5** avrò, comprerò; **6** finirà, dovrà; **7** usciranno

6 Pronomi diretti e indiretti (posizione e forma del pronome = 1 punto ciascuno)

Da qualche giorno Tania è a casa malata, ha l'influenza. Tania ha due grandi amiche, Federica e Simona, che studiano con lei all'università e **la** chiamano ogni giorno per sapere come sta e per chiacchierare un po'. Tania **gli** chiede cosa hanno fatto durante il giorno e si informa sulle lezioni. Oggi ha anche telefonato Robert, uno studente francese che frequenta l'università da un mese. Tania **l'**ha conosciuto al bar dell'università e sono diventati amici. Robert **le** ha chiesto il suo numero di telefono e oggi ha deciso di chiamar**la** per invitar**la** al cinema insieme ad altri suoi amici. Tania **gli** ha detto che purtroppo è malata e non può uscire, ma sicuramente **lo** chiamerà quando starà di nuovo bene.

7 *Quello* (ogni elemento = 1 punto)

1 quelle; **2** quel; **3** quello; **4** quegli; **5** quell'; **6** quella; **7** Quell'; **8** quei

TEST D

1 Trasformazione (ogni verbo [tempo e forma] = 2 punti)

Cara Giulia, come stai? L'estate scorsa Carlo e io siamo stati in vacanza in Marocco, per il mio compleanno! Siamo stati a Marrakech, una città molto interessante anche se un po' turistica! In genere la mattina ci svegliavamo presto perché faceva molto caldo. Visitavamo i monumenti antichi e facevamo sempre un giro al mercato per comprare la frutta. Il giorno del mio compleanno abbiamo fatto un'escursione molto bella, siamo andati nel deserto: di giorno abbiamo visitato dei villaggi antichi e abbiamo visto delle oasi, la sera abbiamo cenato fra le dune e poi abbiamo dormito in tenda! A presto, Maria

2 Passato prossimo e pronomi diretti

(ogni elemento = 1 punto)

1 li ho comprati; **2** l'ho vista; **3** l'ho sentito; **4** Li ho presi; **5** le abbiamo chiamate; **6** li abbiamo conosciuti; **7** l'ho presa

3 *Stare* + gerundio (verbo *stare* coniugato = 2 punti, gerundio = 1 punto)

2 Giulia sta dicendo la verità.; **3** Loro stanno facendo i compiti.; **4** Sara sta pulendo la casa.; **5** Mirko e Andrea stanno andando via.; **6** Non capisco quello che stai dicendo.

4 Condizionale (ogni elemento = 1 punto)

1 piacerebbe; **2** vorrebbero; **3** Dovrebbero; **4** viaggeremmo; **5** Potrebbe; **6** cercherei; **7** Vorreste

5 Comparativi (ogni elemento = 1 punto)

2 meno popolata della; **3** più alta del; **4** più alta di

6 Imperativo plurale (ogni elemento = 2 punti)

1 Andate, verificate; **2** prendete; **3** chiedete; **4** dimenticate, ricordate

7 Imperativo singolare e pronomi (ogni risposta = 2 punti)

1 non comprarlo/non lo comprare; **2** vacci; **3** non prenderli/non li prendere; **4** dalla; **5** non farla/non la fare; **6** ospitale

APPUNTI

APPUNTI

APPUNTI

NEW ITALIAN ESPRESSO workbook | ALMA Edizioni